高校体育教学探索与模式构建研究

陈　辉◎著

北京工业大学出版社

图书在版编目（CIP）数据

高校体育教学探索与模式构建研究 / 陈辉著. — 北京：北京工业大学出版社，2021.9
ISBN 978-7-5639-8128-1

Ⅰ. ①高… Ⅱ. ①陈… Ⅲ. ①体育教学－教学研究－高等学校 Ⅳ. ①G807.4

中国版本图书馆 CIP 数据核字（2021）第 203342 号

高校体育教学探索与模式构建研究

GAOXIAO TIYU JIAOXUE TANSUO YU MOSHI GOUJIAN YANJIU

著　　者：陈　辉
责任编辑：李倩倩
封面设计：知更壹点
出版发行：北京工业大学出版社
（北京市朝阳区平乐园 100 号　邮编：100124）
010-67391722（传真）　bgdcbs@sina.com
经销单位：全国各地新华书店
承印单位：唐山市铭诚印刷有限公司
开　　本：710 毫米 ×1000 毫米　1/16
印　　张：10.25
字　　数：205 千字
版　　次：2023 年 4 月第 1 版
印　　次：2023 年 4 月第 1 次印刷
标准书号：ISBN 978-7-5639-8128-1
定　　价：60.00 元

作者简介

陈辉，男，汉族，出生于 1989 年 11 月，江苏省连云港市人，毕业于武汉体育学院体育教学专业，体育学硕士，国家一级社会体育指导员、国家一级网球裁判。现为江苏警官学院警察体育教研部专职教师，讲师职称。主要研究方向为高校体育教学、警务实战技战术等。

前　言

目前，我国高校体育教学存在课程设置陈旧单一、理论教学相对滞后、教学评价存在缺陷等问题。我们需要用科学的发展观来审视高校体育教学改革的发展，对体育教学进行重新定位和定向，选择适合大学生身心发展状况的科学改革思路，建立适合院校发展的体育课程体系，同时，在教学中要体现学生的主体性，充分发挥学生的创造性和想象力，促进学生个性全面、健康地发展，以适应新时代对高素质人才的需求。

全书共七章。第一章为绪论，主要阐述了体育教学的产生与发展、高校体育教学的功能、高校体育教学的任务与原则、当前高校体育教学中的热点问题等内容；第二章为高校体育教学改革的进程，主要阐述了高校体育教学改革与发展历程、高校体育教学改革的趋势与策略等内容；第三章为高校体育教学的现状，主要阐述了高校体育教学发展的机遇、高校体育教学发展中存在的问题等内容；第四章为高校体育教学的优化，主要阐述了高校体育教学方法的优化、高校体育教学内容的优化、高校体育教学环境的优化、高校体育教学过程的优化等内容；第五章为高校体育自主教学模式，主要阐述了高校体育自主教学的现状、高校体育自主教学模式的构建、高校体育“三自主”教学模式等内容；第六章为高校体育合作教学模式，主要阐述了合作教学模式在体育教学中的应用、高校体育合作教学模式的构建、高校体育合作教学模式的评价等内容；第七章为高校体育教学评价体系，主要阐述了体育教学评价的发展历程、高校体育教学评价的内容、高校体育教学评价体系的构建等内容。

为了确保研究内容的丰富性和多样性，笔者在写作过程中参考了大量理论与研究文献，在此向涉及的专家学者表示衷心的感谢。

限于笔者水平，本书难免存在一些疏漏之处，在此，恳请同行专家和读者朋友批评指正！

目　录

第一章　绪　　论

随着社会的迅猛发展和教育水平的不断提高，我国对高校体育教学改革提出了更高的要求。为促进学生身心健康发展，激发学生体育兴趣，提升学生运动技能，增强学生身体素质，进一步培养符合新时代发展需要的高素质人才，我国需要加快体育教学改革的步伐。本章为绪论，分为体育教学的产生与发展、高校体育教学的功能、高校体育教学的任务与原则、当前高校体育教学中的热点问题四节。

第一节　体育教学的产生与发展

一、体育概念的界定

体育是什么？围绕这一问题，学者们从不同的角度进行了大量的探索，形成了一系列的研究成果。学术界当前对“体育”概念的界定是，体育是通过有规则的身体运动改造人的“自身自然”的社会实践活动。我们从中可以看出，体育的基本表现形式是人的有规则的身体运动，基本任务是对人自身的改造，作用对象是参与者的“自身自然”。

有的学者将“体育”定义为一种身体教育，他们认为，体育是以身体活动为手段，传授锻炼的知识和技能，以此达到强健身体、培养道德品质、塑造顽强意志的目的的有计划的教育过程。有的学者将“体育”视为一种社会文化现象。熊斗寅就是其中的代表性人物，他认为，体育是一种复杂的社会文化现象。它是以身体与智力活动为基本手段，根据人体生长发育、技能形成和机能提高等规律进行锻炼，以促进全面发育、提高身体素质、增强体质、提高运动能力、改善生活方式、提高生活质量为目的的有组织的社会文化现象。也有的学者将“体育”定义为一种社会文化活动。他们认为，体育是社会总文化的重要组成部分，既能对一定的社会政治和经济产生制约作用，又能为社会提供服务。还有的学者在时间纵向的意义上，以概念的演变为依据，以一定的时间线来划分，从古代体育到近代体育再到现代体育，分别对这三个时期的“体育”概念进行了梳理和总结。

综合以上学者关于“体育”概念的研究成果，本书将“体育”定义为一种包含丰富内涵的，以身体练习作为基本手段的，为增强体质和促进人的全面发展、丰富社会文化生活和促进人类精神文明发展而开展的有意识、有目的、有组织的社会文化活动。

二、体育教学的产生与初步发展

（一）原始社会时期

原始人群的生活环境极为恶劣，而在恶劣的环境下为了增加生存的本领，原始教育应运而生。原始教育的内容以渔、猎、农作等劳动技能和生活经验为主，其中在练习“渔”的过程中人们发明了工具——骨鱼钩和鱼镖，在练习“猎”的过程中，人们练习奔跑、跳跃，于是，随着生产力的发展衍生出猎射和弩射。原始教育的教育者主要是身强体健且怀有技能的氏族部落首领，教育的方式以简单的口耳相传、观察模仿为主，通过老者言传身教的方式传递给年轻者。原始社会的教育带有浓厚的体育教育特征，显示了体育是在人类社会长期的劳动和生产过程中出现并逐步发展而来的。

（二）奴隶社会时期

1. 夏、商时期

夏朝的统治者为了政权的稳定创建了学校来培养自己的子弟。据古籍记载，夏朝的学校有“庠”“序”“校”三种形态。“庠”是继承原始社会虞舜时代的学校形态，主要用来进行道德、经验、知识的伦理教学；“序”原作练习射箭场地，在夏朝成为军队进行身体训练的场所；“校”最初是养马的地方，在夏朝成为表演和摔跤的地方。三种学校虽然在形态上有所区别，在授课内容上不同，但都体现出学校体育服务于统治者巩固统治的需要。

商朝时已有了学校教育制度，且出现了新的学校形态，古籍记载称之为“瞽宗”。在甲骨文字的记载中，“瞽宗”是主要进行读、写、算等一般知识教学的场所。而通过对甲骨文中象形和会意字的研究可以发现，体育教育成为商朝学校教育的重要内容。

2. 西周时期

西周时期的学校教育制度承自夏朝，呈现出“学在官府”或“学术官守”的特点。因此，西周的学校分为两大类别——国学和乡学。二者在学生来源上呈现较大的差别，国学的学生主要来自中高级的贵族子弟，乡学的学生主要是下级奴隶主和平民百姓的子弟。国学由小学和大学组成，乡学则以“庠”“序”“校”“塾”等小学形式存在。然而，不论是国学还是乡学，在授课内容上都是以“六艺”为基础的教育内容，这主要是由于统治阶层在国家控制上要求统一。

作为西周各类各级学校教育基础内容的“六艺”，已形成了“文武合一”的内容结构形式。其中包含体育课程较多的是“射”“御”“乐”，三者在教学环节和教学目标上充分显示出西周时期学校体育教育组织严谨、章法分明的特点。“射”“御”“乐”以教育教学为基本方式，以日常身体训练为基本手段，寓德育于体育之中，在学校教育中充分展现了体育的职能。

3. 春秋战国时期

春秋战国时期是我国历史上两种社会制度的过渡时期——奴隶制处在崩坏边缘，封建制度尚未建立。但社会发展并未停下前行的脚步，一种新兴的阶层——“士”悄然出现，并对文化和教育领域产生影响：“学在官府”发展为“学在民间”，私学得到了进一步的发展。当时较有建树的士族代表有儒家、道家、墨家、兵家、医家等，其私学中体育的发展和体育思想的呈现对当时和后世的影响较为深远。各家私学在大力宣扬自家政治主张的同时，也展现了各自不同的体育教育思想，而且都十分默契地强调了体育的重要性，表明各家在人才的选拔中注重文武结合。春秋战国时期确立的“文武兼备”思想为我国学校体育教学的发展奠定了基本思想，各家体育思想的争鸣也为体育文化的繁荣做出了极大的贡献。

（三）封建社会时期

1. 秦汉三国时期

秦汉三国时期是我国封建社会制度基本形成和初步发展的重要时期，社会政治、经济和文化都出现了较大的变化，尤其是农业、手工业和商业的发展，带来了城市的初步繁荣。随着封建政权的确立和“重文轻武”思想（早在春秋战国时已显现）的影响，汉武帝即位后实行了“罢黜百家，独尊儒术”的政策。

伴随“罢黜百家，独尊儒术”思想的确立，在学校教育中“五经”成为教育的主要内容。当时统治者采取了重视社会教化的重大举措，使得“五经”中的《礼经》成为儒家进行体育教育的基本模式。另一重大举措是官员的举荐、选拔以精通经术为标准，故而文人墨客都提出要“去武行文，废力尚德”，并在实际中积极推行。

当时，在学堂里一些活动量小而非对抗性的体育项目为文儒雅士所推崇，如投壶、弹棋。作为学校教育重要内容和儒家经典的“五经”，因为《乐经》的失传，使体育教育大为逊色，导致学校体育逐渐走向衰落。儒家所倡导的“重文轻武”在很大程度上影响了当时的体育教育价值观。儒家片面讲究外表举止斯文的容态美，使得体育成为“不急之末学”。

东汉时期，“重文轻武”的思想愈演愈烈，社会上普遍认为从军或行武不论是在政治上还是在经济上均无实惠可言。社会上几乎无人进行身体训练，成为这一时期学校体育教育发展的阻碍。

2. 两晋南北朝时期

两晋南北朝时期，各国处于战火不断、领土纷争不停的状态下，致使文化教育事业的发展形成了战斗区和非战斗区差异极大的局面，特别是体育教育的发展。在北方，长期的战乱使得人们远离了正常的生活，社会经济发展遭受重创，同时也阻碍了北方地区教学场所中体育文化的发展。在南方，社会经济获得了一定程度的发展，为后期体育教育的发展创造了重要的物质基础。

总体来说，两晋南北朝时期，社会动荡不安，政治、经济、文化的发展受到阻碍，社会进步的速度大大减慢。此时的学校教育较为混乱，在官学中几乎排除了体育教育内容，“重文轻武”的社会风气极其严重。而在南北朝时期，民族矛盾的不断激化及北方少数民族文化的融入，抑制了“重文轻武”的风气：一是少数民族尚武、豪放的精神风貌对文弱之风盛行的南方人士造成了极大的冲击，南方士族也受到了潜移默化的影响；二是少数民族的妇女在家中和族中受到尊重，吸引了南方妇女积极开展体育锻炼。

战乱频繁必定伴随着统治者阶层对军事武艺活动的重视。两晋南北朝时期，军事武艺得到了一定的发展。众多人练习射箭，其中射技高超者良多，且大多数人在童年时期就跟随教师或家中长辈进行射箭学习，长时间练习且较早开蒙让他们拥有了娴熟的技术。当时狩猎是展示射箭技艺的舞台，统治者往往会对射箭出众者进行奖赏，这对射箭技术的发展起到了一定的推动作用。

在军事训练中，以跑、跳、投为代表的陆地训练技能和以游泳为代表的水上训练技能都属于身体教育的一部分，而由于社会动荡、战事频仍，在这些技能上有突出才能者往往更易在战争中获得军功，因而颇受统治者的重视。两晋南北朝时期所形成的崇尚武艺和军功的社会氛围，使得人们拥有了对身体进行训练的观念，成为隋唐时期“开放进取”社会风气形成的基础。

3. 隋唐五代时期

经历了南北朝时期连年战争之后，在国家安定、社会经济繁荣的局面下，隋唐统治者意识到军事实力强大对王朝长盛不衰的重要性，因此十分重视普通民众和军队人员的身体训练，隋唐时期的体育教育因此得到了一定程度的复兴。

隋朝建朝时间不长，但其在教育制度上较之前朝有很大突破，体现在创设了管理教学场所的教育行政专职部门——祭酒，专掌教育事业，这是专门教育行政长官的开端。唐朝的官学主要教授的内容是儒家的经学，此外还有人文社会科学，如算学、医学、天文学等。唐朝的教育事业较为发达，除官学外，还存在一定数量的私人讲学和蒙学。不论是官学还是私学，军事训练和体育科目在其授课内容上都占据很少的比重。

促进隋唐时期学校体育发展的重大因素是唐朝武举制度的创立。武举同文举一样，用考试的方法来选拔武官。根据对隋唐时期古籍记载的分析，武举的考试内容大致有三部分：一是测试武艺技术，主要是射箭和长枪；二是测试力量和体力，主要是翘关和负重；三是测试身材和言语。准备应试武举的人，就如同现代社会竞技体育预备队的队员一样，要从小开始习武，锻炼身体。武举作为一种国家制度化选拔人才的机制，为体育教育的发展创造了新的形式。在武举制度推动下，社会习武之风盛行，一些文人学士纷纷摈弃对习武的刻板印象，着手习武应试。统治阶级对这一举动予以肯定，并给予极大的鼓励和支持，使得社会上出现了一批文武兼备的人才。

唐朝时期首创的武举制度，在千百年来人们“学得一身本领报效国家”的观念下，引起了人们广泛的关注，调动了民众武艺学习的积极性，有力地推动了民间习武活动和社会“尚武”观念的快速发展。伴随着武举制度创立而产生的武艺教育更是促进了学校体育教育的发展，同时为唐朝的军队建设和朝政稳定培育了一大批武勇人才，对古代中国身体教育和体育教育的发展具有特殊的意义。

4. 宋辽金元时期

北宋结束了自唐末黄巢起义以来近百年藩镇割据混战的局面，完成了全国大部分的统一，为经济和文化教育的开展提供了条件，尤其是长时间战乱后，随着市民阶层的扩大，教育活动和体育活动都拥有了更好的发展空间。辽朝和金朝一样，都是多民族组成的国家，在体育活动上呈现出民族特色，且在民族交往融合中有汉化的趋势。民族的大融合在元朝时期表现得更为明显，在体育方面表现为继承和发展了元朝以前的许多体育成就，出现了军事训练和身体教育等多种活动共同协调发展的形势。

宋仁宗时期，宋朝统治区域的边陲地区战乱不断，统治者深感军事人才的匮乏，便由朝廷出面设立了培养能带兵打仗人才的教育教学场所——武学。宋朝武学每三年招一期，以选拔文武官员中谙熟兵法的战略决策者。武学学生的生源有一定的限制条件，入学者需是大臣命官的子弟或门生，或是由京城官员做担保的中小地主子弟。武学的教学内容以理论与实践相结合为主：理论部分以军事理论为主，配有专门的教材“武经七书”；实践部分包括身体训练技术和军事指挥，朝廷将给学生一定数量的兵卒，让学生进行实际训练操用，提高他们的军事实践能力（军事知识的运用水平）。虽然统治者对武学教育与管理的重视很大程度上促进了体育教育的发展，但武学制度归根结底是为国家培养武备力量和军事人才的，是为了应对战事、巩固政权的需要。

辽金元时期的体育教育发展相对羸弱，主要是由于统治人员大多由北方少数民族构成，一些民族还存有原始社会的朴厚民风，进驻中原后，还处于一个不断学习、吸收其他民族优秀文化的阶段。其中，金朝统治者对宋朝的武举制度进行了继承，且更为严格、更加公正。武举的延续，也是各少数民族“尚武”精神延续的重要原因之一。

宋朝的统治者对军事武艺给予了重视，创立了武学。同时，宋朝在政治、经济、文化上的发展给予了体育一个较好的发展条件。但随着“程朱理学”的兴起，体育文化受到压制，重静坐、轻活动的思想形成，重文轻武的观念进一步发展，宋朝成为中国古代体育衰退的开始。

5. 明朝时期

明朝建朝初期，统治者汲取金、元时期少数民族入主中原的教训，强调文武兼备，尤其重视对射箭技术人才的培养，在全国的教学场所内增添习射之场，要求身体教育的内容必须有射箭。明朝同样延续了宋朝朝廷出面设立培养能带兵打仗的教育教学场所的做法，先后建立卫儒学、京卫武学、三镇武学并逐步完善。

卫儒学设立于洪武年间，设立的初衷是希望改善由于武官世袭制所导致的朝廷缺乏可用武官的局面，因此其教学对象（受教育者）为武官及其子弟。虽然卫儒学的教育内容仍以“四书五经”和“武经七书”这种理论性的知识为主，但其提出的对武官及其子弟的严厉惩罚和相应的措施提升了武官子弟习武、学文的风气，保证了明初武官的素质。

京卫武学设立于建文四年（1402），以两类教材教授武生：一类是儒家经典；另一类是“武经七书”和《十七史百将传》。虽然统治者设立武学是为了提升武官的素质，但统治者并未明令要求其子弟必须成为武官，因此在“重文轻武”的社会大环境下，很多武官子弟选择参加文举。这一现象引起了诸如戚继光等社会良知人士对武官教养体制的思考，他们开始了建立新武学的努力。

三镇武学设立于隆庆五年（1571），其教学内容紧跟将领之才培养的需要，在教授武学学生诸多军事理论的基础上，辅以实际军事指挥操作，培养了一批较为优秀的武官人才。

明朝卫儒学、京卫武学、三镇武学的不断完善与发展，也是当时的教学场所和体育教育不断发展、完善并走向制度化的过程。明朝所延续并不断创新发展的武学与武举，不仅培养出了优秀的武官人才，而且对社会习武风气的形成也有一定的促进作用，同时促进了以武术为教学内容的学校体育的发展。但值得注意的是，卫儒学、京卫武学、三镇武学的教育对象皆为武官子弟，因此明朝武学是一种武官子弟学校。随着封建社会的延续以及中央集权的高度集中，古代中国学校体育开始走下坡路。

6. 清朝时期

清朝的统治者奉行入乡随俗的政策，在入主中原后，就延续了明朝时期的武举政策，且统治者下诏当年即举行武举考试，以为朝廷吸纳更多的人才。但清朝并没有建立专门的武学，只是在正常的教学场所中进行武艺教学和儒家经典的学习，从而形成了具有清朝特色的系统化的学校教育体系。

清朝所设立的官办学校，在教育对象上具有明显的阶级划分和君臣划分，且在京城的国学只接收满族子弟。觉罗学的教育对象阶级最高，以皇族统治阶级爱新觉罗氏的子弟为主，这也是“觉罗学”名称的由来。觉罗学以满书、汉书（经史）和骑射为主要教学内容。宗学的教育对象的阶级次于觉罗学，以宗族内的子弟为主。宗学也被称为皇族子弟学校，其教学内容以清语、翻译和骑射武艺为主。八旗官学的教育对象次于宗学，满族以八旗作为军队和户口的编制制度，八旗官学是八旗子弟的学校。这三类学校虽然阶级属性较强，但在教育内容上不仅教文，而且教武，且侧重于武的教学，此种办学价值观对身体教育和体育的发展具有积极影响。以上三类学校有明显的阶级属性，但其都是朝廷设立、地处京城的教学场所。朝廷在各州府县也设立了教学场所，学习内容以骑射、“武经七书”、《十七史百将传》和“四书”等为主。

随着清朝入关对武举的高度重视，体育教育在官学中得到了较好的发展，且由于古代中国的宗族观念较强，习武群体具有很强的家族性或宗族性，于是社会渐渐出现了凭借武举出身的武官家族。但随着后来因政治原因而荒废的内场的策、论考试，武举制度逐渐废止。1840 年的鸦片战争极大地挑战了古代中国延续已久的人才培养、选拔制度，迫使清政府不得不取消武举和武学，寻求培养适合社会发展的军事人才的学校体育教育体系。

三、近现代体育教学的发展状况

（一）清末时期

在清末“新政”的实行过程中，有关废除科举、新兴学校等改革章程的颁行，标志着一种新的教育制度在中国的初步确立，标志着近代学校体育课程在中国第一次列入教育制度中，体育课程的设置也开始在各级各类学校中固定下来。随着近代体育教育制度的初步建立，以早期体育师资培养以及体育组织与运动竞赛在各学校中的建立、开展为标志的近代学校体育开始得以实施。

《奏定学堂章程》颁布后，新学堂的增加、学生人数的激增及“体育科”作为各级学堂的必修科，引发体育师资缺乏这一突出问题。1906 年，清廷学部通令全国各省于省城师范学堂“附设五个月毕业的体操专修科，授以体操、游戏、教育和教授法等，名额百名，以养成小学体操教习”。

早期的体育师资教育主要是由一部分留日学生回国创办的，教育形式包括短期体育教师训练班、传习所、公私立体育专门学校和体育专修科。创办者中代表性的人物主要有在浙江绍兴创办大同师范学校的徐锡麟、陶成长，1908 年在上海创办中国体操学校的徐一冰、徐傅霖，以及 1907 年在上海创办中国女子体操学校的王季鲁与徐傅霖之妻汤剑娥。然而，受当时条件的限制，这些学校输送的学员，多数采取一年半载速成，质量不高，数量有限，但他们对近代学校体育的具体实施做出了一定的贡献。

在这段时期，运动竞赛的举办为新兴学校体育的发展创造了条件。在近代学校体育的实施过程中，除了以培训师资充实新兴学校、提高教学质量外，各级各类学校还不断举办各种校际的运动会。例如，1898 年，由北洋大学总办王绍权和总教习英国人丁嘉立倡议，清朝举办了中国近代历史上最早的校际运动会。1903 年，烟台阖滩运动会举行。由于沿海地区与海外交往比较便利，学校体育的发展也较迅速，校际运动会渐多，项目也逐渐增加。如1906年的湖南长沙运动会，增加了武术表演；1907年在南京举办的号称“江南第一次联合运动会”的“宁垣学界第一次联合运动会”则是当时规模最大的一次校际运动会，共80余校参加，设置了游戏、体操类项目等69个项目。

（二）民国时期

民国时期的各种教育法令促进了学校体育发展的日益完善。1912年1月，南京国民政府设立了教育部，颁布了《普通教育暂行办法》《普通教育暂行课程标准》等法令。1912年9月，南京国民政府又公布了新学制“壬子学制”。之后南京国民政府又陆续发布的几种学校法令因与“壬子学制”不同，于1913年被合并，合并后的学制称为“壬子癸丑学制”。在这一新学制中，把学堂改称为学校，学制比清末的“癸卯学制”缩短了3年，规定了男女有平等受教育的机会。新学制与教育部公布的各级学校法令一起对各级学校的体操做了如下规定。

小学学制分为初等小学4年，高等小学3年；初等小学设7门课程，其中有一门为体操课；一、二年级的体操课和唱歌合并，每周4小时；三、四年级的体操课每周3小时；高等小学的体操课各学年均为每周3小时。在体操课的学习内容上，初等小学宜授游戏，渐及普通体操；高等小学宜授普通体操，加时令游戏，男生加授兵式体操。

中学学制4年，开设体操课，男生每周体操课3小时，女生每周2小时。设置体操课的目的是“使身体各部分平均发育，强健体质……”。体操内容分为普通体操、兵式体操二种（女子中学体操课免兵式体操）。

师范学校的体操课与中学学校基本相同，时间上男生每周体操课4小时，女生前3年每周3小时，第4年为2小时，内容以普通体操、游戏及兵式体操为主，并注重学习“教授法”。

高等学校学制为预科3年，本科2年。预科各学年每周体操课3小时，包括普通体操、游戏及兵式体操。本科不设体操课。

从上述体操的内容看，学校体操仍沿袭清末政府的教育宗旨——重视军国民教育。随着西方传入的各种竞技运动项目在课外的广泛开展，教育部明文规定可以在学校课外设立体育活动和组织运动竞赛，于是田径、球类、游戏等运动在课外有了合法地位，在学校中迅速发展起来。可见，“壬子癸丑学制”对当时学校体育的发展起了一定的推动作用。

（三）近代末期

1. 学校体育教育趋向专业化

1928 年，南京国民政府教育部公布实施“戊辰学制”，并公布了一系列涉及学校体育的法令，如 1929 年的《大学组织法》《专科学校法》，1932 年的《小学法》《师范学校法》《职业学校法》等。这些法令和新学制的公布使学校体育体制得以完整建立。与此同时，一些有关体育课程和体育教授的标准与细目如《初级中学体育课程标准》《高级中学普通科体育暂行课程标准》《暂行大学体育课程纲要》《初中女生体育教授细目》等相继公布。这些“标准”与“细目”包括了学校体育的各个方面，如教学内容、活动时间等。这在一定程度上反映了当时体育学者的某些构想与愿望，标志着学校体育教育向专业化方向发展的趋势。但“放羊式”体育教学的出现放弃了教师的主导作用，而“选手体育”助长了锦标主义的泛滥，这些导致了学校体育的畸形发展。

2. 近代学校体育的成熟

体育师资的培养主要有四个方面的途径：一是派送留学（主要派往美、德、日、法等国家），这是当时进行师资培养的主要途径之一，包括政府派送公费留学、教会学校保送和通过私人关系自己去国外留学等不同类型；二是开办大学体育系（科），当时知名的培养体育专业人员的场所是国立中央大学（现台湾中央大学）体育系（科）；三是举办短期训练班；四是开设一些私立的大学体育系（科）和体育学校。尽管在师资培养过程中因各种原因存在一些腐败现象，但它仍然对近代学校体育逐步走向成熟创造了条件。

3. 近代学校体育走向正规

由于“新学制”的施行、学校体育的变化以及女子体育的逐步实施，在 1912 年到 1927 年间，培训体育师资的体育学校以及培养体育专业人才的体操学校和体育专修科大量地涌现。例如，1915 年创办的南京高等师范学校于 1916 年开设体育专修科，使体育专业教育有了较大的发展。这些学校的出现标志着近代学校体育开始迈向正规化。

（四）新中国成立后

1. 模式借鉴

（1）时期背景

新中国成立初期，我国处在从新民主主义革命向社会主义的过渡阶段。面对一穷二白、百废待兴的局面，国家急需建立完整的国民经济体系，发展工业，扭转落后的经济面貌。在当时的特殊国情下，党和政府必须对现有的人、财、物在集中控制管理下进行资源配置，即实施高度集中的社会主义计划经济体制。历史也证明了计划经济体制在快速发展国民经济、缓解社会矛盾方面的有效性。当时特殊的国际形势迫使我国实行“一边倒”政策，在政治、经济、军事、教育等许多领域借鉴了苏联模式。

（2）学校体育的发展情况

新中国成立早期，毛泽东曾针对学生健康状况差的问题做了“健康第一，学习第二”的指示。1951 年，政务院发布《关于改善各级学校学生健康状况的决定》，强调学校体育的重要意义。1952 年，教育部和中央体委联合发布的《学校体育工作暂行规定》中明确指出，我国学校体育的基本目标是促进学生身心发展，增强体质，并对学生进行道德品质的教育，使他们能够很好地完成学习任务，从事社会主义建设和保卫祖国。为了达到这一目标，1952 年，教育部设立了体育指导处、团中央设立了军事体育部；1953 年，各省、自治区、直辖市教育部门相继成立体育机构，自此我国的学校体育管理机制基本形成。同时，1952—1956 年，教育部先后发布了《各级各类学校教育计划》和各教育阶段的体育教学大纲草案，国家体委发布了《准备劳动与保卫祖国体育制度》。依据教育部规定，从小学一年级到大学二年级，均开设体育必修课，每周 2 学时，以保证学校体育目标的实现。这些文件对规范学校体育工作、增进学生健康等方面起到了积极作用。

总体来说，这一时期的学校体育以体育生物科学和教育科学为基础，模式上照搬了苏联的“劳卫制”。在具体实践过程中，除加强学生的共产主义教育外，还重点关注学生的体质，提倡强身健体、保家卫国。只是在照搬苏联模式的过程中，出现了一些不结合中国实际的情况。

2. 初步探索和曲折前进

从 1956 年 9 月中国共产党第八次全国代表大会召开到 1966 年“文化大革命”开始之前，是我国社会主义建设的前十年。由于缺乏足够的经验，我国在建设社会主义的初期摸索中出现了一些问题，我国教育、体育也在期间艰难曲折地前进。

1957 年 3 月，教育部下发《关于 1957 年学校体育工作的几点意见》，对规范体育教学、保证体育质量提出了要求。同年 5 月，教育部下发《关于高等院校一、二年级学生体育课不能改为选修课程的通知》，强调指出“高等院校年级学生的体育课是必修课程，各校应根据本校条件，积极加强体育课的教学工作，提高教学质量”以及“凡已经把体育课免修或者选修的院校，应即在今年暑假开学时恢复起来”。

1960年冬开始，在“调整、巩固、充实、提高”八字方针指导下，教育部门在认真调查研究的基础上，先后制定、发布了《高教六十条》《中学五十条》《小学四十条》等文件，对各级学校教育工作进行了规范化管理。1961年，教育部重新修订了学校体育教学大纲。新大纲开始关注国情和学生的兴趣爱好。另外，为了服务生产和国防建设需要，学校体育中增加了军事体育项目，包括射击、游泳、防空、投掷、通信联络、军事野营、越野跑、攀登、武术等活动。新大纲主要是针对中小学体育的教学内容、方法和组织形式的调整，普通高校的公共体育教学开展仍以苏联的“三基”体育为指导。各级各类学校在上好体育课的同时，课外体育活动和业余运动队也逐渐开始发展。高校的课外体育活动发展尤为迅速，形式上以在班级、年级、院系组建各类运动队，开展多种比赛活动为主。只是，由于专业体育师资匮乏，许多高校的运动队在训练上缺乏科学指导。

这种情形持续到1965年毛泽东做出指示，高校才对课外体育活动进行了调整，重新加强了体育课教学。整体上看，在这一时期全国认真贯彻教育方针、执行新教学大纲，体育教学有章可循。

3. 波折

1966—1976年是“文化大革命”的十年，整体来看，这个时期我国的经济、文化建设基本上处于较混乱的状态。但在这一时期，以“劳动、军事体育”等形式存在的学校体育活动比以往开展得更“热烈”。学校中的“军体课”及后来发展起来的竞技体育活动，在当时比较受青少年学生欢迎。但学生对于真正的体育基本知识知之甚少，也缺乏技能练习和科学锻炼。在不发达省份或者县以下的地区，由于师资、设施奇缺，“放羊式”体育课十分普遍。

4. 逐渐规范

1978年颁布的《中华人民共和国宪法》中第13条规定:“使受教育者在德育、智育、体育几方面都得到发展，成为有社会主义觉悟的有文化的劳动者。”同年，国务院批转国家体委《1978年全国体育工作会议纪要》，其中明确指出：“要坚持普及与提高相结合的原则，进一步广泛开展群众体育活动，重点抓好关系两亿青少年健康成长的学校体育工作。”各级学校体育工作逐渐实现规范化发展。

1978—1979年，教育部先后重新修订、发布了《体育教学大纲》《高等学校普通体育课教学大纲》。1979 年 4 月，中共中央提出对整个国民经济进行“调整、改革、整顿、提高”的方针。这一时期，国家体委对于全国体育运动的主管地位完全确立。1979 年 5 月，全国学校体育卫生经验交流会在江苏扬州举行。同年，国家体委、教育部联合相继发出《全国学生体育运动竞赛制度》《高等学校体育工作暂行规定（试行草案）》以及《关于在学校中进一步广泛施行〈国家体育锻炼标准〉意见的通知》。

1980—1982 年，国务院对体育管理体制进行了调整：一是撤销军体局，不再分军事体育和一般体育；二是国家体委下设训练竞赛司，成立各单项运动协会。根据此次调整，国家体育工作发展总目标是发展体育运动，普及与提高相结合；工作重心上，以竞技体育为先导，重点抓提高。学校体育工作目标以“增强体质”为主。这一时期，关于体育的概念、科学理论体系以及学科归属等问题，我国学术界展开了多次讨论，正式提出“体育”的广义和狭义定义。

据 1984—1985 年教育部、国家体委、卫计委、国家民委联合组织地对全国 29 个省、直辖市、自治区的 7 ~ 22 岁大、中、小学生的体质与健康调查结果，学生体质、健康状况仍然存在较大问题：学生体型继续向细长型发展，体重不足的问题较突出，男生占 28.9%，女生占 36.16%；视力不良的问题相当严重；身体机能等方面也不同程度地存在着各种问题。总体来看，调查显示学生身体素质有待提高。

5. 竞技体育的优先发展

1987 年，教育部再次修订了学校体育教学大纲，首次提出了“发展学生个性”和“使学生懂得锻炼身体的基本原理和独立进行科学锻炼身体的方法，以适应终身锻炼身体和生活娱乐的需要”等新观念。整体来看，改革开放之后，在国外思潮的影响下，我国体育思想日益多元化，管理制度不断完善，学校体育教学模式、组织结构和教学方式方法上也相应进行了改革、调整。受学校体育整体效益观的影响，学校体育目标逐渐从“增强体质”向多元方向发展。

1990 年，国务院颁布《学校体育工作条例》，明确学校体育工作的基本任务是：“增进学生身心健康、增强学生体质；使学生掌握体育基本知识，培养学生体育运动能力和习惯；提高学生运动技术水平，为国家培养体育后备人才；对学生进行品德教育，增强组织纪律性，培养学生的勇敢、顽强、进取精神。”这是自 1979 年的《中小学体育工作暂行规定》之后的又一重要文件，学校体育的地位得到巩固和提高，并逐步走向科学化、规范化、法治化。与此同时，20 世纪 90 年代前后的课外体育活动和校园运动竞赛十分活跃。受“体育强国”

的“竞技体育举国体制”影响，校内、校际运动竞赛活动十分丰富，各种对抗赛、邀请赛、选拔赛、表演赛、等级赛和运动会层出不穷，全国各级的大、中学生运动会制度逐渐形成。

6. 开启素质教育

1999 年，中共中央、国务院颁布了《关于深化教育改革全面推进素质教育的决定》，标志着我国学校体育在指导思想、工作重心、教学内容等多方面进入新的发展阶段。新世纪的课程改革注重关注学生的主体需要，注重运动安全和损伤的预防，提倡依据学生的具体情况对于教学内容、运动负荷进行适当调整。

为了从根本上扭转广大青少年学生体质持续下降的问题，2007 年开始，国务院下文，在全国亿万青少年学生中开展阳光体育运动。2013 年《中共中央关于全面深化改革若干重大问题的决定》颁布，对学校体育工作提出明确要求：“强化体育课和课外锻炼，促进青少年身心健康、体魄强健。”

总之，21 世纪的中国学校体育，各种教育思想、课程百花齐放，基本形成了以生物、心理、社会三维健康为基础的系统而开放的学校体育观。整体上看，全国各地关于学校体育的制度、师资队伍、场馆设施等方面的建设投入都有显著改善；“健康第一”成为重要指导思想，各级各类学校热烈开展阳光体育运动。人们对于“终身体育”理念的认可和重视也有所增强。

第二节　高校体育教学的功能

一、育人功能

（一）育体功能

育体功能贯穿高校体育教学的始终，不管高校体育今后往哪个方向发展，育体功能都是作为体育育人功能中最为显著的功能而存在的。高校体育教学能够通过对学生进行体育技能的教学和训练来引导学生进行体育锻炼，从而达到让学生拥有强健体魄的目的。

一般而言，大学生的身体正处于适应能力和生理机能高水平稳定发展的关键阶段。在这个阶段，高校体育教学应当引导大学生正确认识体育及其重要性，树立终身体育的意识，自觉参加体育活动；应当通过各项体育技能的训练及实践，促进大学生身体的正常生长发育，从而使大学生在训练过程中塑造出强健体魄和健康体型，形成较为正确、良好的身体姿势；应当让大学生锻炼身体的各项机能，提高大学生身体适应能力，增强身体的免疫力，最终实现全面加强和发展大学生身体素质的目的，为实现终身健康的目标奠定基础。

（二）育心功能

体育的育人功能除育体功能外，还包括育心功能。体育育心功能的具体表现之一就是体育运动的娱乐性。体育运动的娱乐性可以起到调节人情绪的作用，可以舒缓身心、消除身心疲倦，还可以削减或消除日常学习、工作、生活所带来的压力以及消极情绪。而体育运动的娱乐性主要体现在体育课堂教学之外的课外体育活动中。

学生能够通过参加各种各样的课外体育活动，在体育运动过程中，调节和消除平时因为学习、生活所积攒的压力，通过释放压力来调节自身各项身体机能和各种情绪，以此消除自身的疲惫感，从而改善心理和生理的状态，促进健康心理的实现。

此外，体育运动的育心功能还体现在以下方面：体育运动能够让学生在参加体育活动的过程中发挥个体主动性、积极性，提高自信，养成积极健康的心态；学生也能够通过观赏他人的体育活动、体育比赛和体育表演得到精神上的享受，以这种间接性的方式在心理上获得满足，并且学生在观看比赛、表演的过程中，在参赛者、表演者的体育精神影响下，更容易发展出积极向上的性格。

（三）促进个体社会化功能

除了育体功能和育心功能之外，促进个体社会化功能也是体育育人功能中的一个重要组成部分。该功能主要体现在通过各种各样的体育手段和内容来培养人的个性和个人观念，具体表现为体育运动可以帮助人将社会价值观念内化于心，从而实现传递社会文化、建设社会角色的功能。

首先，体育能够培养规则意识。无论是参加体育比赛，还是在日常的体育活动中，参与者只有遵守体育的规则，接受体育规范的约束，体育活动才能有序地进行和开展。在参与体育活动的过程中，遵守规则的行为会渐渐演化成个人的行为习惯，而这种习惯和意识也能帮助学生养成遵守社会行为规范、社会道德观念以及遵纪守法的行为习惯。

其次，体育能让人认识、理解社会角色。在体育活动的过程中，学生所扮演的角色与在社会中所扮演的角色存在相似之处，因此体育活动能够让学生提前体会社会角色，有助于认识和理解社会角色。学生在各种各样的体育活动中有着不同的角色扮演经历，这些经历能够引导学生形成和完善对社会角色的认识。

最后，体育能够促进人格的形成和社会化人格的完善。因为体育活动内容多样化、形式多样化，学生能够自由选择自己想要的活动形式，即想要参加的体育活动形式，而这就为学生独立自主人格的形成提供了客观环境的支持，可以帮助学生形成个性、发展个性。而体育活动中的集体性项目能够对学生进行集体主义思想教育，促进学生的集体主义思想、团队精神的形成。

此外，在体育活动中，可以通过将社会主义核心价值观融入体育活动的方式，让学生在潜移默化中将社会主义核心价值观内化于心、外化于行。

二、健身功能

（一）满足大学生的健身需求

无论是从高校体育教学来说，还是从大学生的身体状况来说，体育健身需求是大学生的普遍需求。大学生体育健身意识决定了大学生对于体育锻炼的心态，心态又决定了体育健身需求。越是对体育健身需求比较强烈的学生越会重视体育锻炼。

1. 大学生体育健身需求的内容

（1）对体育健身知识的需求

体育健身知识是体育锻炼知识和体育卫生保健知识的统称，是可以指导人们更加科学、有效地进行体育锻炼活动和体育卫生保健的基础性原理和方法。体育健身活动发挥强身健体功效的前提是对体育健身知识的正确运用。科学、合理的健身方法能够使身体强健、体型优美，而错误、盲目的健身活动不仅起不到健身的功效，而且还可能使身体受到一定的损伤，因此，掌握科学的健身方法以及有效评估健身活动后的运动效果，是体育健身活动的关键。大学生在学习和掌握了健身的理论知识之后，再投入实践，可以较快地收获想要实现的健身效果，否则锻炼的效果可能事与愿违。

体育健身知识能够使大学生更加全面地认识体育健身运动，也能够指导大学生的运动过程。体育健身知识包括训练学知识、运动损伤的预防及康复、运动营养的搭配、体育常识、人体结构知识、人体运动生理反应的相关知识和体育发展史等内容。通常来说，高校大学生对于在体育健身活动的过程中如何有效地预防身体损伤，以及在损伤后怎样恢复方面的知识有着强烈的需求；对于如何进行合理的营养膳食搭配的需求也较高。

现在，网络非常发达，在网络上传播的健身知识并非都是科学的，非体育专业的学生对于其真实可靠性往往不知如何分辨。同时，科学健身知识的匮乏会影响学生在运动过程中的效果以及成就感，而盲目锻炼者有可能造成不必要的伤害，使其对体育健身运动产生敬而远之的心态，从而逐步减少体育健身的需求。

高校需要加强科学体育健身知识的传播，加大对大学生体育健身运动的指导；大学生也要提高对于科学健身知识的重视，深刻认识科学健身知识的指导意义，主动进行科学健身知识的学习。这能为大学生科学、有效地进行健身活动起到铺垫作用，避免大学生因盲目进行体育锻炼而给身体带来不必要的伤害。

（2）对体育健身运动场地的需求

伴随全民健身理念的推广，在内外部因素的共同作用下，一些高校大学生不再满足于使用校园内部的体育运动场地，而是将眼光投向校园外，开始更多地选择健身房、球类运动场馆等更为专业的体育场馆进行健身活动。

高校大学生在选择健身活动场地时，“便利性”往往成为首要参考因素。有调查显示，男女生在选择运动场地上略有不同。大部分男生对于体育运动场地的选择依次是校内场馆、社会场馆和广场公园，而大部分女生对于体育运动场地的选择依次是校内场馆、广场公园和社会场馆。也有部分大学生会选择一些商业性的健身房。

由此看出，高校大学生在运动场地的选择上以校内的体育运动场馆为主，这主要是由于校内的体育运动场馆较为便利，大学生不用出校门就可以进行体育健身的锻炼活动。愿意到校外收费性的体育运动场馆进行体育锻炼的学生占比偏低，这跟高校大学生的月均生活费状况与社会体育运动场馆的消费水平差异有一定的关系。选择到公园、广场进行体育健身活动的高校大学生占比也较低，这主要是由于公园和广场等健身场所在环境、设施的配备等方面并不理想。

因此，高校体育健身场馆的环境、数量会对大学生参加体育活动的积极性产生很大影响。基于此，高校应重视大学生对于体育运动场地的需求，延长体育运动场馆的开放时间，为大学生创造一个良好的体育健身环境，确保大学生能够“有地方”进行体育健身锻炼活动。

（3）对体育健身运动的心理需求

心理因素是人们为了满足需求而进行某种活动的重要推动力。高校大学生进行体育健身活动的心理因素是促进大学生长期坚持体育锻炼的内在动力。高校大学生参加体育健身活动的五个心理需求因素分别是审美需求、兴趣需求、健康需求、社交需求及其他心理需求。

审美需求是高校大学生进行体育健身活动的主导性心理因素。大部分学生都希望能够通过健身锻炼来达到强身健体、增强体质的目的；一些大学生由于遗传因素的影响，在身高或者体质等方面不是很理想，他们希望能够通过进行一些体育健身活动达到塑形和强身健体的目的，让自己更加自信、更有成就感，对自己以后的人生发展起到积极影响。

（4）对体育健身运动项目的需求

高校大学生对体育运动项目有着多样化、现代化的需求，各高校也依据时代的变化引入了多样化的体育教学内容，如户外活动教学等。

大学生最喜爱的体育运动有跑步、健身操、篮球、足球等项目。跑步是很受欢迎的一项体育运动。虽然跑步本身比较枯燥，但是跑步不受运动场地和时间的约束，运动量大小可以自由掌握，技能要求相对较低，因此广受学生喜爱。相对来说，男生偏爱球类运动，女生更喜欢娱乐、审美类运动，这主要是由男女生不同的性格和生理因素决定的。此外，一些小球类活动受到很多学生的喜爱，尤其是网球和羽毛球，因为这些活动不受年龄、运动量等因素的限制，大多数人都能从中感受到乐趣。

（5）对体育健身指导的需求

大多数高校大学生在体育运动过程中都会存在一些问题，因此需要体育健身的指导。

一些高校大学生除了日常的体育课之外，甚至不参加体育活动。不懂得如何选择适合自己的健身项目、缺乏健身锻炼的一些基本运动技能、对体育锻炼的科学知识缺乏了解是他们不愿意参加体育健身活动的主要原因。这部分大学生希望在参加健身活动时，能够有一些专业性的教师给予指导，能够在健身过程中进行一些咨询，得到更多帮助。

也有部分大学生对体育健身活动的常识会有些了解，独立能力较强，喜欢根据自己的喜好来选择体育健身的项目，只要条件具备，就能够独立自主地进行体育锻炼，不喜欢由别人来主导自己的健身锻炼。

还有一部分高校大学生选择在参加体育健身活动时不需要健身指导，这主要是由于这部分大学生的健身意识强烈，在日常生活中对于健身锻炼的活动也是非常热爱，有相对固定且熟悉的体育健身运动项目，能够熟练而正确地进行操练，在健身锻炼的过程中不需要寻求一些相关的指导。

（6）对体育健身供给的多样化需求

需求与供给是不可分割的。在体育健身供给中，运动场地及器材是必不可少的重要元素。高校应提高对于校园体育基础设施建设的重视程度，以使高校大学生对体育运动器材和场地的需求得到更好的满足。

由于大学生个体的差异，每个人有着不同的健身目标，导致大学生对于健身的需求也是多样化的，而体育供给的多样化可以很好地满足这种多样化的需求。有的大学生会认为自己学校的运动场地及器材并不能满足其个人的需求，无法达到自己的运动目标，可知体育供给对需求满足程度的影响是很大的。

我国目前对全民健身以及高校大学生身体素质高度重视，能够将一些教育经费投入高校体育基础设施建设方面。高校大学生应当珍惜学校的体育资源，选择一些适合自身条件的体育锻炼项目，对业余时间进行合理安排，抽出一部分时间进行体育锻炼以提高自己的身体机能。高校则需要与时俱进，积极支持校园体育基础设施的建设，从而更好地满足大学生多样化的健身需求。

（7）对体育健身课程的差异化需求

体育课是高校体育供给的重要组成部分。对大部分学生来说，每周安排的体育课能够满足他们对于体育健身的需求，也有一部分学生还需要在课外进行一些体育锻炼活动作为补充。总体来说，高校安排的体育课程基本能够满足大学生的健身需求。

高校体育课程一般内容丰富，教学气氛也相对轻松。由于每个学生对体育健身需求不同，对自身要求也不同，因而对体育课的态度也会不同。因此，基于大部分学生的需求去制订团体训练计划格外重要，考虑个人的需求而给予灵活的空闲时间也很重要，这样的体育课会满足更多学生的健身需求，对大学生的体育健身需求也会有促进作用。

此外，高校在体育活动的安排上，可以选择一些丰富有趣的运动项目，如定向越野、体育舞蹈等形式较为新颖、学生喜爱度较高的体育运动项目。体育教师则要不断地进行学习“充电”，使自己的专业知识得到扩充，同时应该更多地了解体育的前沿信息，如国内外赛事的战况、比赛中的趣闻等，这样在教学过程中能够带给学生更多的新鲜感，使学生在体育课程中感受到更多乐趣。

2. 满足大学生体育健身需求的途径

（1）加大对体育健康知识的宣传

高校应当提高对于大学生身体素质的重视程度，开展多方位的体育健康知识宣传，如在校内安排健康月、健康日等活动，通过海报、展板、新媒体等方式对体育健康知识进行有效的宣传，以及不定期地开展一些健康知识讲座活动。同时，教师在教学中可以为学生讲解一些体育保健、运动损伤、营养搭配等方面的知识，使学生在进行体育锻炼时能够更加科学，避免学生因为盲目的锻炼行为而造成一些不必要的损伤。

（2）深化体育教学改革

高校应将“健康”作为体育教学工作的指导思想。在教学过程中，根据各年级学生的需求特点安排相应的教学内容，在教学内容的安排上也应当呈现多元化，不局限于一些传统的体育健身活动，增加一些新颖的体育项目，提高体育教学的趣味性和娱乐性。比如，在校内不同院系之间或者是学校与学校之间进行一些体育知识有奖问答活动，使学生们在准备比赛的过程中对体育健康知识进行学习；开展一些趣味比赛活动，通过比赛的形式将知识与实践相结合，将理论应用于实践，进而使学生们在体育健身的过程中感受到体育运动的快乐。高校应把培养学生自主进行体育运动的能力作为体育教学工作的长期目标。

（3）重视学生的健身指导需求

高校应当重视大学生对于健身指导的需求。在课余时间，高校可以安排部分体育教师在体育运动场馆对学生进行健身指导，对有健身指导需求的学生进行必要帮助，帮助他们结合自身的特点选择适合他们当前身体状况的健身活动，同时帮助他们制订长期的健身计划，并且对一些健身锻炼中的技能还有保健的知识进行讲解，从而使他们的体育锻炼活动能够更加有效。高校可通过这样的方式吸引一些对体育锻炼缺乏信心、缺乏兴趣的大学生参与到体育锻炼中来，与此同时，可以纠正一些对体育锻炼有兴趣的学生在锻炼中存在的误区，提高他们的锻炼效率。

（4）增加高校的体育健身供给

首先，高校应提高对于体育基础设施的投入力度，建设一些专项的体育运动场地。其次，高校应重视体育健身服务工作，开展体育健身咨询，配备专业的体育健身指导教师，在体育健身方面给予大学生更专业更细致的指导。如有机会，高校可以通过社会投资来完善体育运动环境。

（二）培养大学生的健身意识

意识是通过心理引导的相对系统的整体，是人的一种心理体验。健身意识，是指人们参与体育锻炼过程中对体育健身的重要意义的一种肯定，同时包括人们的思想观念及心理活动。当前，健身的理念在中国传播开来，越来越多的人开始具备主动锻炼、健身的意识，健身的人群增加，同时健身行业也处于发展阶段，并且有一个良好的发展前景。

对大学生来说，体育健身意识对于锻炼者具有积极的促进作用，通常体现在大学生对于体育锻炼的自觉性和评价等方面。大学生正处于培养良好健身意识的关键期——大学时期人在身心方面都逐渐趋于成熟和稳定，对于不同的事物开始形成较固定的看法和意见，所以这一时期培养良好的健身意识是非常重要的。

高校可以通过宣传、教师指导、活动吸引、应用健身类软件等方式来强化大学生的健身意识。下面是健身 App“Keep”所具有的功能介绍。

首先，“Keep”可以给大学体育教师提供健身专业动作的教学，帮助教师改进和优化自己的教学方案，为学生提供更好的体育课程；其次，大学生能够通过它在课后复习上课时的动作，从而把动作做得更准确以及更有效率地参与健身活动。体育教师还能通过“Keep”软件给学生布置课余时间的健身课程，让学生不仅在体育课上有锻炼的机会，而且还能在每周抽出固定的时间来完成布置的课余健身任务。高校不妨多鼓励这些现代技术的教学试验。

每个高校的健身场馆各不相同，因此，如果想让“Keep”更好地服务于高校的体育教学，则各个高校可以与“Keep”进行合作。合作的目的，一是针对高校的体育场所分布和拥有器械设施的状况来寻求“Keep”为其提供高校个性化的教学课程服务；二是通过让更多的学生使用“Keep”，在学生之间形成一个良好的相互影响，更好地激励平时不爱运动的学生参与到运动中。

“Keep”中有专门针对一个人的身高、体重、体脂等一系列基本的身体健康数据的指标，同时可以记录用户每次运动的时间和运动的类别等信息。因此，高校除了对学生每年的体测之外，在平时也可以加入一些对学生身体的小测试，通过“Keep”来监督学生的完成情况。这样不用耗费很多的人力、物力，只需要通过“Keep”来发布任务，然后再通过它监测学生的完成情况即可；同时，这样还能发现学生在完成小体质测试过程中较难完成的部分，并发现问题所在，从而更好地安排后继的教学指导任务。比如跑步、健身操等比赛，“Keep”能够记录时间、里程等信息，还能评价动作是否标准。在比赛后，用户还能在“Keep”运动商城中挑选健身装备或健身课程作为获胜的奖励。

尽管“Keep”目前还存在一些不足，但是网络科技还在一直发展，相信未来此类健身软件可以成为能够满足用户健身需求、无门槛、无障碍、多元化的健身运动辅助工具，帮助更多的人提升健身意识、加入健身、更加科学地健身，从而不断提升人们的健康水平。

（三）使大学生拥有强健体魄

体育的健身功能首先表现在强身健体方面。拥有一个健康强健的身体是实现人的全面发展的必要条件之一，也是一个合格人才所要求的重要素质之一。高校体育教学担负着国家交付给体育教学的重要任务，是培养合格人才的重要保障。不管高校体育今后如何发展，健身功能都是体育的最为显著的功能。高校体育教学能够通过对学生进行体育技能的教学和训练来引导学生进行体育锻炼，从而达到让学生拥有强健体魄的目的。

第三节　高校体育教学的任务与原则

一、高校体育教学的任务

（一）促进学生身心的全面发展

高校体育教学将促进学生的身心全面发展作为教学任务，帮助学生在各类体育活动和比赛之中既提高自己的身体素质，又锻炼自己的意志力和忍耐力，从而让学生身体和心理得到全面发展。

（二）帮助学生掌握科学的锻炼方式

高校体育教学要将实践教育与理论教育结合，并对实践和理论课程进行合理的安排，既让学生的身体素质得到一定的锻炼和提升，又让学生了解到体育锻炼的内在规律和核心，学会根据自己的具体状况采取科学合理的锻炼方式，养成良好的健身意识和体育锻炼习惯。

（三）提高学生的运动技能及水平

高校可通过开展运动会及高校联合体育竞技比赛的形式，来使学校形成良好的体育氛围，让学生在潜移默化之中主动地参与体育锻炼和竞技比赛。这样不仅能让学生深刻地体会到体育锻炼的魅力，而且能有效提高学生的运动技能和水平，提高学生的身体素质，从而真正地实现高校体育的教学目标。

（四）完善学生人格，提高学生道德品质

体育锻炼能够提升学生的生理机能，促使学生养成良好的行为习惯，培养学生坚韧的体育精神，使学生乐观、积极地面对学习和生活中遇到的困难。这样不仅能提高学生的抗压能力，而且能有效地提升学生的心理素质，完善学生的人格，提升学生的个人修养。

二、高校体育教学的原则

（一）因材施教原则

高校体育教学既要面向全体学生，又要根据每个学生的实际情况有针对性地安排教学，使每个学生在体育学习中都能得到提高。

1. 将因材施教与统一要求结合

因材施教是促进学生体育学习进步的面向全体学生的重要手段，统一要求是面向大部分学生设置的标准，两者要相互结合，不可有所偏废。

2. 要充分了解和研究学生的个体差异

体育教师要通过多种方法对学生的身体素质、体育技能、性格特点、兴趣特长等方面进行了解，可通过向学生的班主任询问、开展班级问卷调查、师生交流等方式进行，然后对学生进行全面分析，依据分析结果制定在体育教学中区别对待的策略。

3. 通过多种教学组织形式实现因材施教

在体育课上，体育教师可采用分组的形式实施因材施教，如可按同等身高、同等技能水平、同等体重、同等身体素质等进行分组。对于身体素质和技能水平较高的学生，体育教师可提出更高的要求，而对于身体素质相对较差的学生，体育教师则要多给予关心和鼓励，必要时进行特别的指导。

4. 引导学生正确看待个体差异

学生间存在差异是很正常的一件事情，如何让学生在存在差异的同时得到共同提高，需要体育教师引导学生对个体差异建立正确的认识。体育教师在课堂上要用平等的眼光对待学生，不偏不向。同时，体育教师要告诉学生：同学之间应相互尊重，正确看待个体差异；身体素质差的同学不要沮丧，其他同学更不应该取笑他们，有优势的同学也不应该骄傲；同学们应该用发展的眼光看待彼此，互相学习，共同进步。

（二）人文审美原则

人文审美原则是指体育教师要通过教学活动来培养学生的人格、个性、审美感与审美情趣，完善学生的世界观、人生观、价值观和审美观，提升学生的人文素养和美育水平，以此促进学生的全面发展。

1. 培养学生的人格

首先，体育教学要注重磨炼学生的意志，帮助学生形成良好品质。体育课上往往会有一些富有挑战性的任务，部分学生对此会出现胆怯、不自信的心理，教师可以以此为契机，通过巧妙的教学设计和合理的教学内容，让学生在积极高涨的情绪中完成任务、体验成功。这一方面可以增强学生的自信心，另一方面可以培养学生敢于面对困难、敢于拼搏的精神。

其次，体育教学要引导学生调控情绪，形成健康心态。体育课上的比赛往往会比速度、比耐力、比技巧，而比赛会有胜负，输了的学生难免因为比赛的失败而感到遭受挫折，情绪失落。此时，体育教师要引导学生正确看待失败，自我激励，自我调控，以乐观向上的心态去面对挑战，形成面对失败的健康心态。同时，体育教师要指导学生公平竞争，形成体育道德。体育的公平竞争在体育教学中是具体而直观的，在教学中教师要切实把公平竞争贯彻好，培养学生健康的体育竞争观，帮助学生学会遵守比赛规则，尊重裁判，团结互助。

最后，体育教学要培养学生的团队合作意识，以提高学生的社会适应能力。在体育集体活动或比赛中，教师要让学生感受到团队的力量，增强学生的团队合作意识，引导学生主动与同伴交流、努力融入团队并履行团队职责。培养学生善于与他人交流、融入团队的能力，是提高其社会适应能力的保证。

2. 培养学生的审美感及审美情趣

首先，体育教学要做好美学知识引领。高校应加强对学生美学与体育美学基础知识的教育，让学生知道什么是美，什么是体育美，体育美来源于何处，何谓体育美感及它发生的基础是什么，以及什么是体育审美能力。高校可根据教学课程安排适当加入美学与体育美学的基础课程，为学生进行审美实践活动打好理论基础。

其次，体育教学要做好教师示美。一是仪表美和教态美，教师语言的优美、行动的文雅、衣着的整洁、思想的进步、作风的正派，能给学生以美的感受与熏习；二是教学内容美，教师在教学过程中要精心设计，周密组织，展示每次教学内容所具有的不同风格的美；三是教学方法美，教师要善于组织课堂，让学生观看规范动作画面，并通过给学生观看专项技术图、小组间互教互学互评等方式达到较好的审美教育效果；四是场地器材布置美，在每堂体育课之前，精心布置课程场地环境、合理摆放器材是教学前需要完成的工作。教师要做好这方面的准备工作。

最后，体育教学要重视学生的实践体验。教师要充分挖掘各个体育教学项目独特的美的因素与内涵，并结合学生的心理与生理特征制订体育审美教学方案，使学生通过不同教学内容的学习，体验体育美的各种形式。

（三）主体兴趣性原则

主体兴趣性原则是指在体育教学过程中，学生是体育学习的主体，兴趣是学生参与体育学习的重要动力；教师的一切教学活动要围绕学生的兴趣、需要和身心特点来安排；学生应在教师的主导下积极主动地参与学练活动，进而培养出对体育的乐趣、志趣，形成自主性、主动性、创造性。该原则在具体应用时可参考以下方面。

一是体育教学以学生学习为主，给学生充足的自我发挥的空间。教师在把练习方法传授给学生后，要让学生按照自己的理解去大胆尝试和练习，调动学生自我锻炼的积极性与主动性。当然这并不代表对学生放任自流，教师要对学生练习中出现的错误及时予以纠正，避免造成伤害，并使学生迅速、有效地掌握运动技能。

二是教师要多站在学生的角度去理解教材，不断创新教学方法。学生对教材的理解通常是站在“乐趣”“玩儿”“挑战”的角度上，而教师通常是站在“教育”“知识的传授”的角度上，更好的方式是，教师结合两者，在教学过程中，针对不同的教学内容并结合学生情况，设计有新意、有乐趣的体育教学方法，最大限度地发挥学生的主动积极性，调动学生学习兴趣，使学生体验运动乐趣。

三是体育教学要将教学内容与体验运动乐趣结合。在教学中，有些体育教学内容教学意义强又容易使学生产生运动乐趣；也有一部分内容虽教学意义强，但学生不太容易产生运动乐趣。对于后者，教师应当在教学中多去发现或添加有乐趣的因素（如 50 米跑，终点可以放上跳绳、篮球、排球，谁先抢到，谁就可以优先选择，一个小小的奖励往往能激发学生们开心地参与到体育学习中），从而使体育学习变得更加有趣。

四是体育教学要让学生有更多自我展示的机会。在体育教学过程中，在教学内容的巩固提高阶段，教师可给学生更多的展示空间，有针对性地选出一些学生在同学们面前进行展示。这样一方面可以提高被选学生的心理素质，另一方面也是让其他学生当“点评小老师”。对练习好的部分，教师要积极进行表扬；对出现的问题，教师要给予及时纠正，其他学生也可在观摩中得到成长。

五是体育教学要让学生成为课后体育锻炼的爱好者。要想让学生对体育锻炼感兴趣，成为主宰自己课后锻炼的主人，一方面教师要在课堂上对学生进行思想上的鼓动、心理上的激励，对练习有进步的学生进行表扬；另一方面高校要定期开展趣味运动会或体质监测等活动，调动学生体育锻炼的兴趣，帮助个别学生克服对体育锻炼的恐惧，让体育课成为丰富多彩、令人向往的课程。由此形成体育教学的良性循环。

（四）安全卫生性原则

安全卫生性原则是指在体育教学中，既要使学生在环境卫生洁净的体育场馆中快乐地从事体育学习，又要确保学生的人身安全，真正把安全卫生教育融入日常的体育教学活动中，确保健康教育落实到教学的各个环节。

一是体育教学要使学生安全地从事体育运动。教师要在课前充分研究教材，结合学生特点，备好体育课，充分预测可能存在的危险，将安全工作考虑在前面，防患于未然。教师在课前一定要排查在体育器材方面、天气和场地因素方面、学生心理方面、教学内容方面等可能出现的状况，以消除一切潜在的危险，保证体育场馆的环境卫生良好。

二是体育教师要上好体育课，杜绝“放羊式”教学。课前准备活动一定要合理、充分，以便更好地预防运动损伤；在教学中对于有危险的运动项目，教师一定要教会学生如何做好自我保护与互相保护；对于存在危险的体育器材，一定要做好监管。建立体育课安全保障制度，严格课堂纪律，充分发挥班长、小组长、体育委员在小组练习时的课堂管理作用，防止安全事故的发生。

三是体育教学要对学生进行运动安全教育和卫生教育。在教学活动中，教师应根据运动项目的特点对学生进行安全运动的教育，让学生了解运动安全知识，安全地从事体育运动，预防运动损伤，并教育学生爱护、维护好运动场地的卫生。

（五）教学整体性原则

教学整体性原则有两方面含义：一是学校教学为一个整体，体育作为教学的一部分，应与整体教学协调发展；二是体育教学本身是具有整体性的教学活动，因此要将各项体育要素最优化，以达到良好的教学效果。

1. 整体看待体育教学

体育教学是教育的一部分。人们要充分发挥体育教学的功能，同时不能夸大其作用。体育教学要与其他学科的教学协调发展，以促进学生的全面提高。

2. 整体看待体育教学过程

从纵向来看，体育教学是根据学期计划来完成的；从横向来看，体育教学原则体现在教学过程中，因此应该用整体的眼光看待体育教学，从大局出发，着眼于大的方面来认识体育教学。高校应制定高效、实际的教学目标，促进学生的全面发展；教师在教学过程中应优化教学内容，使之适应学生的发展，达到课程标准的要求，并选择有效的教学手段，便于学生接受教学知识、技能。只有以整体的眼光来看待体育教学，才能发挥教学的最大效益。

3. 用整体的思维开展体育教学

体育教师应关注教材的整体性，在开展体育教学时围绕教学目标和教学重难点进行；关注体育课的整体性，设计整体的教学情境，贯穿体育课全过程，使各部分活动环环相扣。同时，体育教学应尽量实现场地器材价值的全面利用。

（六）促进运动技能不断提高的原则

促进运动技能不断提高的原则是指要发挥体育教学的最大效益，使学生不断提高运动技能，不断获得优异的运动成绩。

一是教师在思想上要认识到运动技能提高对学生发展的重大意义。运动技能学习既能提高学生的身体素质，又有利于学生掌握体育锻炼的方法。因此，教师对运动技能的传授要到位，忌蜻蜓点水。

二是教师应研究促进学生掌握运动技能的“教法”。首先，教师必须自己先掌握每项运动技能的学习规律，然后再通过合理的“教法”传授给学生。其次，教师可采用个人展示、集体讨论、集体互评等方式来提高学生对运动技能原理的掌握水平。

三是体育教学要优化体育教学环境及条件。高校要加大对运动器材、场地的投资，以满足体育教学的需求，这是实现运动技能教学的前提。

四是体育教学要强化师资队伍建设。教师自身必须具备过硬的体育知识及技能，因此体育教师必须不断学习，通过培训、听课、教研探讨等教学活动，加强身体锻炼，提高自身素质及技能水平。

第四节　当前高校体育教学中的热点问题

一、高校体育教学中的师生关系

（一）分离型师生关系

教师是教学生学习的人，学生是接受知识的个体，教学过程是教学双方参与构建的过程。在分离型的师生关系中，教师将冷冰冰的知识构建成一个不掺杂一丝人文关怀的程序，教师是主体，学生是客体。主体与客体之间是毫不相干的，因为他们彼此都很陌生。分离型师生关系中的教师和学生是相互独立的个体，教师的教学是为了完成自己的教学任务，学生的学习是为了完成自己的学习任务。

从教师方面看，分离型师生关系中体育教师给学生的感觉是十分严厉的。在课堂教学中，教师会教授学生新的体育技能动作，同时在学生学习动作时，教师会对学生提出较高的要求。教师在学生学习过程中会提示动作要领及学生动作，学生犯错会对其进行批评，但教师不在乎学生是否能按要求完成体育技能的学习，也不管学生是否能够完全掌握技能，教师只负责“教”学生基本的体育技能。这样的教师只是把教学当作一份职业，并不是当作对生命的追求。

从学生方面看，由于体育课大多是在室外进行的，所以学生大部分喜欢体育课。在分离型师生关系下的教学过程中，学生只在乎学了什么内容。有的学生因为教师严厉，点名说他动作做得不能达到要求，遂与教师产生矛盾，就算在学习过程中遇到困难也不愿意去寻求体育教师的帮助，甚至在课堂上直接与教师对着干，只要有一点问题教师说他就感觉是在批评他，对教师产生较为强烈的抵触心理，不管在课堂上还是在下课后，都不愿意与体育教师有过多的接触。

以下是分离型师生关系的一个案例呈现。一节体育课上，由于进行体育课基本部分学习的时间较长，一位学生在没有经过教师允许的情况下，直接用很愤怒的声音对教师说：“老师，解散吧，我们一周的体育活动时间本来就很少，让我们自由活动吧。”在这个过程中，该学生并没有举手或者打报告，而是直接表明自己的观点。且不管他的观点是否正确，他的行为说明了他对教师是十分不尊重的，而且他在表明观点时，声音中充斥着愤怒，甚至有一种想要反抗的感觉，表明了其叛逆心理，这往往会造成学生与教师之间的矛盾。在发生这件事之后，体育教师集合了队伍，对全班进行讲解后解散了队伍。在这个过程中，体育教师是十分严肃的，也非常愤怒，并不能去体会学生的心理。由于在此次事件中，学生用到了“老师”这个称呼，而不是直接说“解散吧”，因此没有使师生之间的矛盾进一步加大。但这位学生与教师之间很可能因此产生隔阂而导致分离。这种状态下师生之间是缺乏感情交流的，会影响教师和学生的进步。

（二）互助型师生关系

互助型的师生之间是相互帮助的，是有连接的。在这种师生关系下，教师除了教好体育知识外，还觉得上课是其应尽的义务，在做好本职工作的基础上还会付出；学生也是关心教师的，会记得在节日的时候为教师送上祝福。在互助型师生关系中，教师不只是知识的传授者，还会在生活中观察学生的点点滴滴，通过学生的行为来不断反思自己的行为，从而更好地促进学生学习。学生会感知到教师对他的帮助，也会更加尊重、关心教师。

从教师方面来看，在这个过程中，体育教师是充满感情地在帮助学生。当学生在体育课堂上出现错误时，体育教师会找准时机和学生说明白，进行适当批评；在学生出现不愿意运动的情形时，体育教师会去激励他们让他们动起来并一起参与体育运动；在学生无法完成体育技能时，体育教师会进行指导，让学生理解动作并进行练习，带领学生一起运动，并在过程中帮助一部分弱势的学生。这样的教师和学生之间有较多的互助，能够吸引学生的兴趣，让学生在课下也会寻求体育教师的帮助，甚至是谈谈心，请体育教师帮助他们解决学习、生活中的各种困难，而不是抗拒和体育教师接触。

从学生方面来看，在互助型师生关系中，在学习新动作时，学生会希望教师可以来帮助他们掌握新的动作。不管学习的好坏，他们渴望得到教师的关注，希望教师指导他们的动作，甚至是有错误被批评学生都是可以接受的。他们也会理解教师，认为教师在帮助他们学习，不会与教师发生冲突。

以下是互助型师生关系的一个案例呈现。在一节体育课上，教师在带领学生们进行热身活动。一名学生不听教师的安排，在完成体育教师安排的动作之后，又开心地跑到体育教师的周围，但此时体育教师还在指导其他同学完成热身游戏，这名学生在教师周围转了好几圈，打扰到了教师的正常授课，因此体育教师对他进行了适当批评。等教师安排的任务结束后，学生们解散了，这名学生单独向教师表达了自己的歉意。在这个过程中，他开心地跑过来说明他只是想要引起体育教师对他的关注，并没有想到会影响到其他的同学。此案例中，学生接受了教师的批评，后来还主动和教师交流，体现出的师生关系是平等的、主动的、相互理解的。互助型师生关系是一种过渡类型，完善了分离型师生关系的不足，让教学任务能够有效地完成，并促进学生的心理健康发展。

（三）融合型师生关系

融合型师生之间的关系就像父母和孩子之间的关系。在融合型师生关系下，教师把学生当作自己的孩子一样来关爱，把学生的事当成自己的事，能在学生有不一样的理解时，尊重并接受合理的看法。在教育领域中，教师把自己的职业看作一种兴趣，对这个职业充满喜欢，内心已经完全接纳了“教书育人”。

从教师方面来看，在融合型师生关系中，学生位于课堂活动的中心位置，教师在其中是指导者。这种师生关系中，教师十分了解学生的特点，能够安排学生喜欢的教学内容；学生高度喜欢参与学习，教师教授的动作学生几乎都能完成；教师还能在练习中对身体条件不同的学生提出不同的完成要求。同时，体育教师会接受学生提出的合理建议，充分了解每个学生，尊重个体差异。甚至有时，教师和学生都处在教育环境中，都是聆听者和实践者。此时的师生关系不仅仅表现在教学上，而是渗透到了生活中，教师在课堂之外也会照顾学生，关心学生，像对自己的孩子一样关心、爱护学生。

从学生方面来看，在体育活动中，学生会比较积极地学习新的体育技能，和体育教师一起营造活跃的课堂氛围。在学习动作时，学生会主动询问教师该如何有效地完成动作和更好地完成动作的方法。即便是一些平常不喜欢体育运动的学生，也会和体育教师相处得十分融洽。学生喜欢体育教师安排的课堂内容，认为教师可以和他们很融洽地交流。

二、高校体育教学质量的影响因素

影响高校体育教学质量的因素很多。从宏观层面来看，影响高校体育教学质量的因素涉及面比较广，包含社会因素如相关政策、法律、法规、舆论导向、社会价值观等。此外，本书将学校因素作为宏观因素考量，如学校的教学思想、教学经费、教学基建、教学管理、培训系统等，都会影响到体育教学质量。由此可见，从宏观层面来看，影响高校体育教学质量的因素是一个十分庞大且复杂的体系，想要厘清各影响因素之间的关系难度很大，而且，若分析的影响因素过多，则很难抓住关键的影响因素。

从微观层面来看，影响体育教学质量的因素主要是指影响体育教学活动的具体因素，如教学方法、教学环境、教师、学生等。基于这一层次的理论分析能够更加具体地应用于体育教学，切实提高体育教学质量。

不同的学者在研究高校体育教学质量的因素时对各因素的归类方式有所差异，并无统一标准。例如，于素梅（2014）主要从人、事、物三个层次进行分析；徐红梅（2011）主要从教学理念、教学方法和手段、体育教学质量评价体系、体育教学硬件四个角度分析。笔者通过对文献资料的梳理发现，这些研究者不管从何种角度对影响体育教学质量的因素进行划分，都离不开构成体育教学的本质要素，而影响事物结果最核心的是事物形成过程，依此而论，影响体育教学质量的重要因素便是教学过程。根据教学七要素——教师、学生、教学目的、课程、教学方法、教学环境和反馈，本书认为：教学目的、课程、反馈三个要素都涉及体育教学管理者，他们掌握着最高决策权和统筹权；就教学过程而言，教师与学生是主要因素，而在教学目的、课程、反馈三个方面教师只能从微观上优化。本书不否认这三个因素对体育教学质量有影响，但认为它们并不是核心影响因素，因此本书对此不做深入探究。本书主要以李秉德提出的教学七要素、教学实际情况以及相关文献结论为依据，将影响高校体育教学质量的因素划分为四个维度，主要包括教师因素、学生因素、教学方法、教学环境。

（一）教师因素

教师是教学活动的发起者，对教学效果的优劣起关键作用。同时，教师在教学活动中起主导作用，这种主导作用发挥的水平取决于教师的教学能力以及素养。各学者在分析影响高校体育教学质量的因素时，都认为教师因素是必不可少的因素之一。教师对体育教学质量的影响具体体现在哪些方面，学者们并无统一结论，不同学者在分析时有不同侧重。

陈召杰（1998）主要从四个方面分析了教师对体育教学质量的影响，分别是师资力量、教师的职业素养、教学方法和教学组织形式。孙立海（2006）认为，教师对体育教学质量的影响主要体现在职业道德水平、教学态度、教学方法、专业技术水平、教学组织能力、语言驾驭能力以及学术造诣水平方面。此外，于素梅（2014）、赵超君（2016）都将教师归结到“人”这一层次分析其对体育教学质量的影响，但没有具体分析教师如何对体育教学质量产生影响。朱芳枝（2011）认为，教师的素质是影响体育教学质量的因素之一。

通过对文献资料的总结归纳，本书认为，教师因素对体育教学质量的影响主要体现在教师的思想、教学态度以及教学能力上。结合相关文献资料，本书对“教师因素”的释义是：在教学活动中，体育教师对体育教学质量影响的具体表现。这些表现主要包括教师的思想和业务水平、个性修养、教学态度、教学能力。在这些要素中，对教学效果影响最核心的便是教学态度以及教学能力。

1. 教师教学态度对体育教学质量的影响

教师的教学态度是影响学生学习的重要因素。在整个教学过程中，教师都需要保持积极端正的态度。若教师在教学过程中持有消极的教学态度，那相应的课堂气氛会比较沉闷而不够生动活泼，因而难以引起学生的共鸣，甚者还会打击学生参与课堂的积极性，致使学生对知识的接受受阻，难以得到良性发展。相反，若教师持有积极的教学态度，教师在课前会积极准备以使体育课堂尽可能地丰富，同时在教学过程中精神饱满、充满激情，从而充分调动学生参与课堂的积极性。

2. 教师教学能力对体育教学质量的影响

李秉德将“教学能力”定义为：教师完成教学任务必备的素养。教学能力主要通过六个方面来体现，分别为教育科学研究能力、分析和运用教材的能力、观察了解学生的能力、语言表达能力、组织管理能力、调控教学活动的能力。在以此为依据和充分考虑体育教学的特殊性的前提下，体育教师的教学能力主要表现在语言表达、观察了解学生、组织管理和调控教学活动、动作示范四个方面。

首先，在教学过程中，教师主要通过语言传授教学内容，因而教师的语言表达能力会在很大程度上影响学生对知识的接受程度，进而影响到整个教学效果。其次，在教学过程中，一个班级通常人数较多，教师是很难观察到每一个学生的，因此观察了解学生的能力显得尤为重要。再次，教师在教学活动中的主导作用主要体现在能够调控教学过程中涉及的各要素，充分调动学生参与课堂的积极性，因此组织管理和调控教学活动的能力对于取得最佳的教学效果至关重要。最后，体育教学与其他学科教学的最大不同在于体育教学更多的是动作技能的教学，在教学过程中需要教师示范讲授。而标准的示范有助于学生对技术动作形成良好的印象，同时也有助于学生迅速地掌握技术动作。

教学实践研究表明，学生最终的学习效果与教师的素质以及教师在教学活动中对学生的影响密切相关，就体育教学来说，提高体育教师的教学水平是提升体育教学质量的重要途径。

朱芳枝（2010）在分析教师素质对教学质量的影响时提到，教师是否具备综合素质是教学质量能否提高的前提条件。据此可知，教学能力对体育教学质量的影响之深。

（二）学生因素

学生是体育学习的主体，在体育学习过程中具有能动性，会对体育教学质量造成直接影响。因此，学生是影响体育教学质量的必不可少的主要因素。学者们在研究体育教学质量影响因素时都有涉及学生对体育教学质量的影响。

陈召杰（1998）认为，学生组织纪律性差、缺乏吃苦耐劳精神、对体育学习重视程度不够、积极性不高是影响体育教学质量的重要原因。在教学过程中，影响学生学习活动的因素是多方面的，既有内部因素也有外部因素。外部因素主要有教学方法、教学环境等；内部因素主要涉及学生的学习能力、学习兴趣与动机。通过对文献资料的分析，本书对“学生因素”的释义是：在教学活动中，学生对体育教学质量影响的具体表现，主要包括学生的学习兴趣与动机、学习能力和个体差异。

1. 学生学习兴趣与动机对体育教学质量的影响

教学实践表明，学生对学习不感兴趣与成绩差、能力低相比更为可怕。陈维亮（2007）提出，学生学习的动力来源于他的需要和追求，不同种类的学习动机，发挥的效用有所差异，而且会影响持续时间的长短。朱芳枝（2010）、张勇昌（2016）都认为，学习目的会影响学习质量，其原因在于目的具有很强的驱动性，它能直接影响学生在学习过程中的努力程度、踏实程度以及努力持续的时间。杨林（2010）认为，体育学习动机、学习兴趣、参与教学活动的愿望，是学生在体育教学中能否积极主动参与的重要条件，也是影响教学质量的重要因素之一。综上所述，学生学习兴趣与动机会对体育教学质量产生巨大影响。

2. 学生学习能力和个体差异对体育教学质量的影响

这里的“学生学习能力”主要是指学生原有的体育基础和学习方法的差异。在体育教学过程中，先天的因素不容忽视，天生体质不佳且运动能力不好的学生通过体育学习一般只可以达到及格以上的水平，而先天运动能力和体质条件俱佳的学生，能够比较轻松地达到优秀水平。

颜淑萍（2015）认为，学生的个性与身体素质差异会影响体育教学效果，主要体现在学生的主观认识不一样，对体育运动的看法便会有所区别，喜爱的运动项目因此也会有差异。而体育教师在教学过程中可能未注意到这种不同，致使学生的学习热情下降。由此可见，学生的个体差异对体育教学质量的影响不容忽视。

（三）教学方法

俗话说：“学无定法，贵在得法。”在教学实践中，体育教师灵活地将各种各样的教学方法进行有机组合来充分发挥其整体功能，是提高体育教学质量的有效手段。

陈召杰（1998）指出，许多体育教师上课都是跑步、做操、示范、讲解、分组练习、集合下课，千篇一律，方法单调，学生厌烦，从而对体育教学质量造成一定的负面影响。张勇昌（2016）分析到，教师能否顺利有效地达成教学目标，取决于教学方法的选择与运用，它是教学过程中知识点和基础理论落实的关键所在。综合以上观点可知，教学方法对体育教学质量的影响不言而喻。

（四）教学环境

大量教学实践表明，教学环境对教学活动具有不容忽视的效用，它会影响整个教学活动的进程，影响教学活动的效果。李秉德在《教学论》中主要从广义和狭义两个方面解释了教学环境。从广义角度来看，社会制度、科学技术水平等都属于教学环境。从狭义的角度来看，教学环境主要是指教学活动场所、教学设施、师生人际关系等。依此而论，教学环境对体育教学质量的影响主要体现在两个方面——场地设施和人际关系。

1. 场地设施对体育教学质量的影响

体育教学场地设施等硬件条件是开展体育教学活动的前提条件。首先，场地设施的完善程度会在一定程度上影响体育教学活动的内容和水平，会影响教师对教学内容以及教学方法的安排。此外，场地设施的一些外部特征也会给师生造成不同程度的影响。众多研究者在研究影响高校体育教学质量的因素时都有提到物质环境条件对体育教学质量的影响。

孙立海（2006）指出，体育场地设施是实施体育教学的物质保障，是提高体育教学质量的必要条件之一。于素梅（2014）则将这一因素放在“物”这一层次进行分析，认为场地器材以及辅助教具会对教学质量造成影响。姜健（2008）通过实地调查分析了场地设施对体育教学质量的具体影响，认为影响主要表现为：在体育课时间安排的科学性、课堂教学内容的设置以及体育教学组织形式等方面受到制约。此外，杨林（2012）、徐红梅（2011）都认为：尽管有较多的高等学校在体育场馆等校园基础设施方面投入了大量的资金，体育教学设施在一定程度上有了明显改变，但与在校大学生的数量相比，人均占有率依然很低，而且没有达到国家规定标准。因此，充分利用有限的场地设施，对提高体育教学质量起着重要作用。

2. 人际关系对体育教学质量的影响

高校中的人际关系主要表现为校领导、教师、学生之间的关系。在这众多关系中，学生之间的关系以及师生之间的关系是最为核心的两种关系。

学生间的人际关系对教学质量有影响，其原因在于，体育教学活动需要在学生与教师之间以及学生与学生之间的频繁互动过程中完成。

师生间的人际关系对学生的学习也有较大影响，主要表现在三个方面：其一，会影响学生对教师所授课程的兴趣；其二，会影响学生的学习效果和学习效率；其三，会影响学生的学习方法。

第二章　高校体育教学改革的进程

随着我国教育事业发展进程的加快，高校体育教学改革的受重视程度越来越高。现阶段，随着我国教育体制改革的深入，高校体育教学改革也面临着新的挑战。本章为高校体育教学改革的进程，分为高校体育教学改革与发展历程、高校体育教学改革的趋势与策略两节。

第一节　高校体育教学改革与发展历程

一、高校体育教学改革的目标

通过对我国教育部相关统计结果的分析可以发现，大学生对体育课程普遍不够重视，其学习精力通常偏重于放在文化课程的学习和探索活动上。目前，我国大力推行素质教育，伴随着教育阶段改革的逐步深入，大学体育教学改革势在必行。

我国大学体育教育应结合学生的兴趣爱好和实际的教学情况，以培养大学生参加体育锻炼的热情作为出发点，帮助大学生养成良好的运动习惯，提高大学生的体能水平、身体素质和运动技能，促进我国大学生整体综合体育素质的提升。

在具体教学过程中，体育教师应为学生设置体育知识目标、体育能力目标和体育情感目标。在体育知识教学中，体育教师应帮助学生掌握所学体育项目的名称、动作术语等基础知识，使学生了解所学体育项目中涉及动作的名称及要领，如足球运动中的脚背外侧运球、体操项目中的滚翻、乒乓球运动中的推挡球技术等术语。此外，体育教师还应帮助学生掌握更多的健康知识，了解体育锻炼给人的身心健康带来的影响，如体育运动对人体心肺功能有哪些影响等。同时，体育教师应帮助学生形成体育运动的能力，提高身体素质，并树立起团队合作意识，形成坚强的意志力，提高人文素养。

二、高校体育教学改革与发展历程的反思

（一）高校体育教学改革与发展的经验

1. 借鉴国外先进经验是高校体育教学发展的重要路径

在漫长的古代社会，由于自给自足的自然经济、落后的交通条件等因素的限制，人类的国际化交流所涉及的社会领域非常有限。自工业革命以来，西方一些国家在物质和精神文明中处于优势地位，成为其他国家学习和效仿的对象，在教育领域的情况也是如此。由于缺少历史经验和基础条件，中国高等体育教育最初是在吸收西方国家在专业知识、办学模式、教学方法等方面的经验的基础上才得以创立起来的。

近代中国高等体育教育经历了从仿日到仿美的过程。日本和中国在地理上相近，日本明治维新后的快速发展使中日两国在发展状况上出现较大差距，于是出现了中国对日本的学习和模仿。第一次世界大战后，日美两国在华影响互为消长，1919 年前后，中国相继出现了新文化运动和五四运动，数千年的封建文化和思想观念被进行了前所未有的批判和清理，各种各样的新思潮、新主义出现在教育界，此时美国的教育理论在中国教育界广泛流传，逐渐取代了来自日本的理论，并开始深刻地影响中国的教育实践。课程内容仿美，在体育课程方面带来了活泼有趣的西方竞技体育项目和学科课程的丰富；师资方面或邀请美国专家或派青年教师出国交流，同时还有大批留美学生归国并在教育领域担当重任；随之而来的还有教学方法、教学组织形式以及管理体制等方面的美国化，比如校长与教务主任分工负责制、班级授课制、严格的年级制度、必修与选修课程相结合的制度、初中高等教育相衔接的学制体系、学分制、实习制度以及学位制度等。中国在学习模仿美国的过程中，同前期学习日本相比已有很大的进步，不再不假思索地盲目照搬和模仿，同时在学习美国之余，并没有排斥其他国家的先进经验，而且还意识到了要与中国的具体国情相符合，满足国家需要。

尽管“舶来之物”不可能对中国传统的“大学之道”进行深入研究，也不可能“上溯古制”对传统教育所遗赠的资源加以充分利用，但不得不承认，中国古代悠久的文化并没有直接孕育出近代的高等教育，借鉴他国先进经验是中国近代高等体育教育的重要发展路径。

2. 严格的招考和培养制度是高校体育教学发展的质量保障

由于近代中小学教育在中国起步晚、普及程度低，加之人们对体育一直存在偏见，早期中国高等体育教育所处的生源环境很差。即使在这种条件下，一些学校仍然严格招考，严格培养学生，以“宁缺毋滥”和“重质不重量”的原则将学生质量放在首位。在国立中央大学体育系（科）的招生考试中，既有各门基础课程，又有技术测试，还包括口试。如此多种考试方式能够全面检验学生掌握知识的牢固程度、应用知识的熟练程度、应变能力、思维敏捷程度和语言表达能力等，这就为高等体育教育质量的保障争取了主动权。在金陵女子大学，体育缺勤要补课，不及格需补考重修，同时体育学习又强调趣味性，这些在培养学生的气质和意志品质以及学生就业等方面取得了积极的效果。在国立师范学院体育系（科），刚开始有的人认为体育系（科）的学生文化水平可能较低，主张降低要求，但事实上体育系（科）的学生在竞赛中名列前茅，因此争取到了与其他系（科）学生学习同样内容的权利。在这些因高等体育教育质量而闻名的办学机构中，从来没有因为学生数量仅为几个或十几个而降低过要求，反而为了保障质量，一些办学机构曾在教学条件有限的情况下会等一届学生毕业后再招收新的学生。

质量是高等教育永恒的主题，也是高等学校的灵魂。在一定的历史时期内，教育实践中的质量和数量往往是一对难以克服的矛盾，二者往往交替成为矛盾的主要方面，很难在同一时期兼顾。在教育资源有限的条件下，要想保证教育质量，只有舍弃对数量和规模的追求；而如果不顾实际条件盲目追求规模的宏大，必然造成教育质量低下。

当然，这不是说“数量少，质量就一定高”，优质的教学质量还需要教育者兢兢业业的工作等作为必要条件。讲求办学的质量和效益是高等教育永恒的追求。办学质量与效益是对立统一的，一方面高等体育教育要保持效益必须要有一定数量的学生，但数量的扩大势必会影响办学条件的改善，比如师资水平、场地设施等，从而影响教育质量；另一方面办学效益本身包含教育质量，教育质量的提高在一定条件下意味着办学效益的提高。

晚清和民国时期中国国力衰弱，高等教育资源极为有限，多数高等体育教育办学机构采取了质量优先的策略，符合要求的常常只有几个学生，多的也只有十几、二十几人。可贵的是这些学校都能以这些数量不多的学生为教育对象，精心培育、严格要求，使有限的教育资源发挥出最大的教育功效，培育出了高质量的学生，并获得了教育界的认可；而社会的认可又反过来促进了招生和就业，使得办学效益得到提高，从而达到办学质量与效益相互促进的效果。

3. 促进人的全面发展是高校体育教学发展的客观宗旨

纵观近代中国高等体育教育的课程设置会发现，中国高等体育教育课程最初只有学科和术科的区分，到了成熟时期出现了普通基础课程、教育课程、体育专业课程和专选课程，课程结构越来越丰富，课程设置由最初强调工具性发展到注重人的全面发展。

我国知名高等教育学家潘懋元先生提出的有关教育外部关系规律和内部关系规律的学说认为，教育内部因素很多，关系复杂，但从“教育是培养人的社会活动”这个教育的基本定义出发，人是教育的对象，教育的直接功能是促进人的整体素质全面发展。

从总体上讲，近代中国高等体育教育长期以来所实行的“重工具价值、轻人文价值”的教育理念是历史发展的局限导致的，是对高等体育教育内在发展规律的曲解。人是教育的主体，教育的主要功能是促进人的整体素质全面发展。高等体育教育只有遵循这一基本规律，才能最大限度地发挥其功能，实现其价值。近代中国高等体育教育的历史经验表明，高等体育教育应回归到培养人才、发展人性的本体功能上来。高等体育教育应依据“以人为本”的精神，以促进人的整体素质全面发展为逻辑起点和客观宗旨。

（二）高校体育教学改革与发展的教训

1. 忽视融合创新影响了高校体育教学发展的生命力

教育制度和教育思想是社会发展状况的一种反映和缩影，高等体育教育的发展变迁不可能脱离整个社会变革的趋势。回顾近代中国高等体育教育的发展历程，一个非常明显的现象是中国近代高等体育教育的发展始终受到外国的强烈影响，而且中国向外国学习的国家对象发生了变化——从清末时期模仿日本到 20 世纪 20 年代前后开始模仿美国。

就近代中国而言，西方近代教育本质上是资本主义的教育，与封建社会教育有着本质的不同，中国封建社会教育的内容和形态要远远落后于资本主义教育。西方近代体育教育是社会化大工业生产和民主制度的产物，代表了当时社会的发展方向，因而将其引入中国是不可抗拒的历史潮流。然而，这种引入是不稳固的，中国在处理民族传统与世界潮流的关系的过程中，曾出现过“中体西用”“国粹主义”“土洋之争”等现象，究其原因是中国在借鉴西方的过程中忽视了融合创新。

综合来看，近代中国高等体育教育学习世界先进经验是值得肯定的，学习对象的选择受到了所处历史条件的影响，在融入世界潮流时出现了与传统的教育制度、思想产生冲突的现象。对于当时中国的高等体育教育现状来说，如果完全照搬他国经验，容易脱离本国实际，如果完全抵制、排斥世界潮流，就会进一步拉大与世界先进水平的差距，所以中国高等体育教育发展在横向上受到同时代先进国家的影响，在纵向上受到本国传统和现实条件的制约。历史经验表明，将民族传统与世界潮流融合创新才能有更好发展，也就是说，既要以世界潮流为目标，又要立足国情，以传统和现实为基础，才能使高等体育教育的发展更加具有生命力。

2. 办学经费匮乏阻碍了高校体育教学发展的多元化

辛亥革命以后，各省财政多感困难，从清末继承而来的赔款、外债，以及连年不断的军阀混战所导致的国库空虚、经费匮乏，使得政府对很多高校的补助费断绝，刚刚萌芽的私立高等体育教育办学机构因经费的欠缺产生了诸多问题，如教学条件简陋、师资外流。这些问题随之产生了更进一步的影响。

比如，教学条件简陋一方面影响了教学质量，另一方面使得学校无法扩大办学规模，而生源不足又影响学费收入，没有经费就不能改善教学条件，如此进入恶性循环中，严重者学校停办。由于这些经费匮乏的学校的教学条件不能满足其基本的教学要求，于是他们不得不采取能教什么教什么、有什么教什么的方式，或者借用公共体育场来开展教学，这不仅使得原本就不成熟的体育教学更加缺乏长期的规划和稳定性，而且使得公共体育资源更加紧缺。

经费短缺导致体育师资外流或者学校停办的情况主要发生在私立办学机构中，并进一步导致本就紧缺的师资资源更加集中于条件更好的公立办学机构，教育资源和教育形式结构发生失衡。

私立高等体育教育作为公立办学的重要补充，为社会培养了许多体育专门人才，是整个高等体育教育体系的重要组成部分，无论是办学宗旨还是教学实践都有独到之处。私立高等体育教育机构既与公立学校互相合作，又互相竞争，是推动高等体育教育发展的重要支撑。而高等体育教育的发展首先要有稳定的社会环境，并在此基础上保障办学经费才能使其多元良性的发展。

3. 对体育认识的落后制约了高校体育教学发展的规模

西方体育是随着清末军事学堂引入兵士体操进入近代中国社会的，也正因如此，人们对体育最初的认识烙上了浓厚的军事色彩，甚至认为体育仅仅局限于兵式体操，而对体育专业教育的理解局限于培养教授兵士体操的师资，加之体育师资队伍中存在着一些封建行为而造成了不良的社会影响，更是引起了人们对体育的排斥。一方面是“学而优则仕”的封建思想根深蒂固，另一方面是对体育和体育专业教育的片面认知和轻视，使得即使是国立中央大学和北京师范大学这样在全国声望很高的学校也出现了体育系（科）招生困难的情况，制约了近代中国高等体育教育的发展，尤其是发展的规模。

对体育认识的落后还直接影响了近代西方体育在中国的传播。当中小学的体育课程还是以兵士体操体育为主要内容时，在租借区和教会学校中进行着各种田径、球类等体育活动，使得进行比赛时中国体育代表团中以教会学校学生占绝大多数，这才使人们意识到当时的中国体育教育偏离了体育教育潮流，开始重新思考体育教育的内容。

与此同时，自然主义体育思想的传播，课程结构的丰富，培养目标的拓展，人的全面发展的要求使得近代中国高等体育教育逐渐形成体系。人们对体育的认识和高等体育教育的发展是相辅相成的，二者既相互促进又相互制约。

第二节　高校体育教学改革的趋势与策略

一、高校体育教学改革的趋势

（一）现代人才和体育的关系

体育，特别是“学校体育”必须适应人类社会发展和科学技术进步的需要，推出符合时代的思维、理念、观点、方法、体制、模式，如果不这样，则根本无法实现“学校体育”在校园中多功能、全方位综合治理的效能。为此，在当今时代，“学校体育”只能走改革创新之路，构建 21 世纪符合时代要求的培养现代人才的实用模式。

为了达到培养现代人才的要求，我国“学校体育”推出五大举措，主要内容如下。①一个中心：以全面提高学生身心健康水平为中心。②二个“全”：第一面向全体学生；第二全面提高学生体能。③三个配套：体育教材要求图文并茂教材（课本）、音像教材（录音、录像带）、网页教材（光盘）三俱全。④四个原则：体育教育要体现改革（改革是一个国家发展的标志）、创新（创新是一个民族兴旺的灵魂）、科学（科学是人类社会发达的基石）、高效（高效是社会成员追求的目标）的四大原则。⑤五个结合：理论与实践相结合、需要与可能相结合、培养与指导相结合、监测与评价相结合、效益与发展相结合。

21 世纪，人们生活在一个物质丰富、信息发达的时代，培养综合素质高、科技水平高的现代人来建设管理当今社会，已成为时代的需要。

（二）学校体育改革的方向转变

学校体育改革是国家为学校体育事业发展设计的蓝图，是当今时代背景下为实现科教兴国战略而制定的学校体育总体方针，是为实现学生全面发展的目标而践行的基本方向。学校体育改革重在对未来学校体育发展趋势的预测，在学校教育制度日益完善的背景下，以实现学校体育全面升级为目的，从而促进学校体育全面健康发展。

学校体育改革自中华人民共和国成立伊始就开始进行，现已取得了长足发展。从体育教学大纲演化为当今的新课标，我国学校体育改革获得了进一步发展，但随着时代的发展和社会的进步，高素质、现代化的体育人才已成为时代所需，新一轮的学校体育改革迫在眉睫。

1. 课程内容更加现代化

时代在发展，科技在进步，大批新的前沿科学技术的产生，为传统体育教育模式进行改造创新提供了有力支撑。校园体育教育对科技充分加以学习利用而产生了新的学科专业并构建了新的学科体系。体育教育在课程设置上需要遵循：课程内容与个人、社会及国家目标建立一致的针对性、体育与社会生活密切相关的实用性，以及适应学习人群身心发展的可接受性。

2. 体育教育从阶段化转向终身化

体育教育终身化主要表现为，传统的学校体育课堂教育转变为不再局限于校园之内的教育，学生离开校园后依旧坚持体育锻炼。校园体育可以引导终身体育的意识深入人心，在时间上由校园时光扩延到人的一生，在人群上由学生带领社会上的千家万户。这不仅仅意味着学生的人生中不会脱离体育运动，更意味着社会之中的每个人都参与到体育改革的大工程之中，体育改革由个人影响到社会，最终实现全社会终身体育、全民健身。

3. 体育教学发展由单一化转向多目标

体育改革在给校园体育教育带来前所未有的挑战的同时，也带来了新的发展契机。当代社会注重提高学生的全面综合素质，注重学生个性的展现，注重培养学生不断探究创新的精神，注重提高学生的人文思想、道德素质、心理素质、身体素质。这就要求体育教学的目标由单一的体质目标、技能目标向多元化、多目标方向发展。通过对未来体育的不断设想与研究，以及对校园体育教育的教学方式和培养目标的不断调整与完善，校园体育将来培养出的人才一定是渊博知识与健康体魄并存的、能快速适应社会发展的创新复合型人才。

4. 教学方法技能更加科学化

目前，随着体育教育的改革，关于体育的各方面知识快速增加，并且更新速度越来越快，这对校园体育教育提出了新的高要求。传统的体育教学模式已经不能满足当前社会的需要，需要向更科学、更现代化的教学模式进行转变。

二、高校体育教学改革发展的策略

树立“以人为本”“健康第一”的教育理念是深化校园体育改革的前提，培养社会所需要的高素质人才是教育的最终发展目标。为全面推进校园体育改革，实现培养现代人才的目标，领导重视是前提，师资水平是关键，场地设施是条件，经费支持是保障。在现阶段，由于学生体育基础不同，仍需基础体育与专项教学并存，学生的兴趣爱好与发展体能兼顾。

在学校体育教育中，要贯彻普及为主、积极提高的原则，合理配置资源，注意协调发展，这需要领导的重视与支持。体育专项教学要照顾到学生的兴趣，调动学生的积极性，将教师的专长充分发挥并与学生的需求充分结合，由此对教师的要求更高，提高师资水平任务艰巨。场地设施条件对体育教学有着重要影响，因此学校应增加经费投入，改善体育场地、设施条件，而这需要充足经费的支持。总之，校园体育改革面临诸多困难，但只要加强领导，统筹规划，调动一切积极因素，就能推动体育改革向纵深发展。

（一）转变教育理念

指导教师在教育教学过程中如何引导学生开展有效体育课程学习的基础理论称为教学理念，教师要带领学生高效地学习体育课程就必须要有符合当前实际体育教育的教学理念作为指导。所以，体育教育理念的完善是做好校园体育改革工作的关键所在。教师先转变理念才能指导教育教学实践。体育教育不仅仅是运动技能或单纯体育知识的传授，更是社会学、人文科学、自然科学等知识的传授场所，这种综合的教学方式会使学生获得的知识更加广阔、更加多元化。需要特别注意的是，体育教育要培养学生学以致用的观念，给予学生动脑、观察、学习的机会，将体育可以提高学生全面综合素质的多功能作用发挥到极致。以上是体育教育和其他学科教育之间最大的区别，也是体育教育与生俱来的优势所在。

（二）创新教学手段

教师如果只是使用传统的教学手段，不懂得创新，那么对于学生的体育学习是不利的。学生可能跟不上社会的发展步伐，这将使其无法更好地发展自我、成就自我。因此，适当的教学手段的创新显得格外重要。教学手段的创新，不只是教学内容的创新，如充分利用一些多媒体和高科技收集丰富的教学资源，也可以采取学生喜欢的教学方式，以促进整体的体育教学效率的提高。创新的教学手段会让学生感觉到新意，产生学习兴趣，提高学习效率。

（三）创新教学模式

体育教师在教授基础理论知识的过程中，可以采用各种教学方法相结合的方式，吸引学生积极参与到课堂教学当中。讨论学习可以对体育学习过程中的问题进行深入探究、归纳总结，同时也增加了课堂教学的趣味性，学生的自由学习以及同学之间的互动沟通交流也有了更多的空间，这对学生思维创新以及学习自主能力的提升有着非常重要的作用。故而体育教学模式需要体育教师来不断地思考、创新并实践，充分发挥启发式教学的优势。

1. 激发学生的成就动机

在体育教学过程中，体育教师可以引导学生根据自己的具体情况找到学习的动力，利用科学的方法提高学习的效率。而且每个学生都是不同差异的个体，在学习过程中其心理与行为方面都可以体现出每个人当时的学习状态。如一些学习动力足的学生在体育活动中，其积极性、参与性更高，同时个人的坚强品质与执着精神也得以发挥，可以比别人付出更多的努力与汗水来完成体育学习任务。

2. 培养学生的自我效能感

体育教师在教学过程中，要充分了解自己的学生，尤其要充分尊重和保护学生的自尊心。当学生遇到挫折与挑战时，教师要积极进行正确的指引与鼓励，适当给予一些良好的建议；当学生出现错误时，尽量不要对其进行否定批评，而是应当进行耐心指导，找出问题所在，并对学生平时的努力以及执着精神表示肯定、赞同，从而让学生的学习积极性以及主动性得到进一步提升，学生的创造力也会在此过程中得到发展。

（四）提高教师素质

如今，全面实施素质教育更加注重“以人为本”的教育理念，学校体育教育对此要加以充分落实。在体育教学改革过程中，身处体育教育一线的体育教师非常重要，他们的作用相当关键。他们在体育教育中是知识与技能的直接传播者，影响着教学效率与教学质量，在整个体育教育改革中是主要推动力量。

体育教育的发展需要将我国强大的科研实力、先进的科研设备、深厚的科研潜力等各项优势充分发挥利用。政府相关部门需要支持从事体育科学教育实践人员与校园其他各个学科专家进行沟通、交流、合作。学校需要选择优秀的体育教育领头人，建立先进的体育学术队伍。

体育教育要培养和造就高水平的体育师资，同时需要体育教师不断提升技术与才能，清楚地认识到自己肩头的使命和责任，努力为中国体育教育事业的发展贡献自己的力量，为祖国培养出优秀出色的社会主义建设者和接班人。

学校作为教师的管理者，要发挥好管理及导向作用。

①端正教师的教学理念。之所以教师的教学方法、态度对学生的学习兴趣以及积极性影响较大，主要是因为教师是带领学生学习的领导者，故而在教学过程中，教师需要根据学生实际的学习情况随时进行课堂内容的调整、创新，以此满足学生学习的需求并激发学生学习体育的兴趣。基于此，学校应重点关注教师的教学理念，当出现问题时，应及时予以纠正。

②明确规范的教学制度，对教师的教学目标及任务提出要求。学校可通过对教师课堂教学进行规范指导来实现对学生体育学习的有效引导，从而有效地促进学生进行体育学习，达到促进学生全面健康发展的学习目标。

③提高对教师的要求。学校应要求教师多学科学知识，而不仅仅限于体育教育教学专业知识；此外，还应要求教师及时了解体育教学中学生的内心感受，确保每个学生健康良好个性的形成及正确价值观的建立。学生对于体育学习的满意度及认可度主要取决于授课教师，故而对教师文化结构的要求要更多元化。学校可通过对教师进行在职培训等措施努力提升教学人员的师德修养和专业水平，以适应建设高水平校园的需要。

教师自身要在道德品质上多加注意，全面地提升自己，努力做全面型、创新型的合格教师。

（五）完善教材内容

为了社会的持续健康发展，当今社会需要综合型人才。体育教育作为素质教育的培养形式，自然就成了重要的一环。体育教育教学内容完善要求以学生的体育知识水平、技能水平的全面提升为目标，根据学生对体育的理解及对课程内容的掌握程度、当今时代发展的特点及对当今体育人才方面的需求等情况来优化教学内容。通过体育教材内容的完善，体育教育改革能够带来更直观的效果。

①体育教材是体育教育模式下的主体内容，而当今体育教育要求将学生的

个人能力与未来需求的实际性相匹配。随着当今社会对人才要求的不断提高，体育教学的内容也应与实际相结合，添加一些实用性较强、符合当今社会需求的内容，目的就是让体育更接近现实生活，从而让学生在获得知识的同时，对体育产生更多的兴趣和热情。

②体育教材应该以教材为载体，实现体育内容的展现与拓展，引发学生在学习体育过程中形成更多自己的理解，对体育有更多的深思；而不是用枯燥乏味的教材或层次结构混乱的教材，影响学生的学习兴趣。

③教材多样化。学校应当注重学生的兴趣爱好，可通过增加一些选修类型的体育科目，让学生依照个人喜好选择感兴趣的科目进行学习。“兴趣是最好的老师”，通过这种方法可以极大地提高学生对体育学习的积极性，其学习效率也会得到很大提升。丰富体育学习科目可以使课堂中的学习氛围更加轻松愉悦，从根本上解决学生兴趣不大的难题，使学生积极参与到课堂中。

④教材通俗化。在教材中增加一些案例、评价等内容，可以让学生在学习过程中收获乐趣的同时获得知识的完善，同时让教师在今后的教学中更加得心应手。

⑤教材应注重学生终身体育意识的培养，注重学生终身体育习惯的养成，从而为学生之后的健康成长与全面发展提供一定的基础。

（六）教学组织形式多样化

体育教学形式单一，会导致学生无法产生浓厚的学习兴趣，对于开展体育教学是没有益处的。教学组织形式多样化，一方面是顺应体育教育改革的措施，另一方面是创新教学的重要途径。学校在体育课之外可以多组织一些体育类的讲座或竞赛、运动会等活动，利用这些丰富多样的教学形式来提高学生的学习积极性，激发学生的学习兴趣。学校要避免教学组织形式的单一，尽量使用多种教学形式，以促进学生的整体发展和兴趣培养。当然，组织形式的多样化也需要考虑到学校的实际教学情况和能力，需要做到有保障的多样化体育教学。

（七）转变课堂教学观

在一些体育课堂中，存在压缩教学、强迫灌输等现象，如果不进行改善，将会严重影响体育教学的课堂质量。

①由于教学的内容较多、课时少，有些情况下教师不得不压缩教学过程，这样一来，课程目标任务得不到有效展开，导致学生的体育学习徒有形式，达不到要求的课程效果。因此，对于体育教学观念应自上而下进行贯彻，校领导应重视起来，在各方面给予有力的支持，确保课程顺利有效地进行。

②在传统的体育教学模式中，教学方式较枯燥，通常是教师主动教、学生被迫模仿学习，大多数情况下教师就是让学生体验一下，这种方式显然难以满足当前社会的需求，其结果就是学生的学习兴趣无法提高，甚至对体育产生厌烦情绪，出现学生游戏课堂、不重视教学的现象。当前社会要求教与学相结合，打破强迫灌输和不得不接受的模式，改善体育教学课堂的氛围，让学生在心底接受体育、学习体育。

（八）重视供给侧改革

学校应加大投入来完善校园体育教学的硬件设施与软件设施，并引导全体体育教师及学生充分利用现有的设施，发挥现有资源的最大优势，使各类活动顺利展开，从而最大限度地激发学生对于体育项目的兴趣爱好，提高学生体育锻炼的积极性，并帮助学生在体育锻炼的过程中逐渐形成终身体育意识，满足全面育人的需要。

（九）完善考评体系

学校可以针对学生的体育学习情况来建立适当的科学考评体系。学校可以适当进行科学考评，通过有效的体育考评方式来帮助学生提高自身的成绩和学习效率。健全科学的考评体系不仅需要学生和教师的参与，而且需要学校的大力支持。一个完善的考评体系，可以帮助教师了解学生的体育练习情况及知识盲点。

如果没有一个良好的考评体系，学生就无法测试自身对知识的掌握情况，从而无法有效发现知识的盲区。因此，适当、健全的科学考评体系，对于学生不断提高自身知识技能是一个重要的方面和环节。

（十）打造体育文化氛围

在素质教育中，体育教育是一项重要内容；对于校园精神文化建设来说，体育文化是其中非常有效的内容。校园体育教育应当将课上与课下相结合，把群体工作纳入统一管理，统筹制订活动方案，实现课内是先导、课外是继续，引导学生把体育课上所学的理论知识、方法、手段通过课外实践来强化应用。学校可以让体育管理部门与学生处、团委、学生会通力合作，建立院系、班级、群体管理网络，创建体育网页，搭建信息平台，实现数字化管理场馆，搭建单项协会、体育俱乐部等多种平台，逐步形成既有纵向衔接又有横向联系的、彼此协调配合的管理网络，开展丰富多彩的体育活动，做到大型比赛制度化、小型比赛多样化，努力提升校园的体育文化氛围，使学生在体育活动中得到锻炼，孕育精神，提升能力。

第三章　高校体育教学的现状

当今时代对高校体育教学工作的开展提出了新的要求，体育课开展的好坏关乎学生未来的发展，国家与高校都应大力支持体育教学。本章为高校体育教学的现状，分为高校体育教学发展的机遇、高校体育教学发展中存在的问题两节。

第一节　高校体育教学发展的机遇

一、国家与学校对体育教学的支持

（一）国家方面

在教育改革方面，国家出台了很多文件，如《教育信息化十年发展规划（2011—2020 年）》《深化学校体育教学改革的研究》《国家中长期教育改革和发展规划纲要（2010—2020 年）》等。这些文件的出台，为教育改革提供了政策上的保障，也对教学改革提出了具体的要求，同时表明了国家对体育教学的重视。

（二）学校方面

为贯彻国家教育改革方针，在体育教学保障方面，学校会制订体育工作计划以及与体育相关的规章制度，提供体育教学改革的学校政策环境。学校为提高体育教学质量，增强学生体质，增进学生健康，激发学生的运动兴趣，会鼓励教师进行体育教学创新，同时加大体育设施的资金投入，为体育教学提供必要的物质基础，保障体育教学改革必需的师资与物质条件。

二、信息技术融入体育教学

随着社会的进步，现代科技给人们的生活带来了很大的便利，对信息技术的运用已经成为人们日常生活中必不可少的一部分，比如在日常学习中，各种学习软件已经相当丰富，使用者可以随时随地通过学习软件来学习。

在体育教学中，体育教师可将课上学习内容放到网络上，学生课下可通过观看体育教师制作的教学视频进行学习，通过线上互动来拉近师生关系。这将激发学生的学习兴趣，融洽师生之间的关系。体育不同于其他学科，它很注重实践的过程。在传统的体育教学模式中，教师示范几遍后，学生通常记忆不深，很难记住示范动作，而教学视频学生可以反复地观看，在课下随时随地地观看。这样一来，学生就可以放心地多加练习，也可以将自己的学习成果录成视频，课下观看教学视频并与自己的动作视频进行比对，找出自己动作的不足并加以改正。

三、体育教学课程设置

培养什么样的人，是国家发展的要求。体育教学课程理念是体育课程设置的指导思想，体现了国家对体育教学发展的要求。体育教学课程理念是对体育课程的性质、设计理念、开发思路的一种介绍，是对体育课程的性质、地位、功能等方面进行的定性描述。体育教学课程设置要遵循体育教学课程理念。

现在高校体育教学中的课程设置，还是以传统的体育运动项目为主，主要是篮球、足球和排球三大球类，以及羽毛球、乒乓球和网球三小球类。有的高校会设置一些体育选修课程，如健美操、跆拳道、瑜伽等新颖的体育运动项目。各高校也会根据学校的特点和专业特色开设相关的体育课程。

四、体育教学方法

体育教学内容是体育教学的核心，而体育教学方法则是体育教学的重中之重。当今时代，各种教学方法层出不穷，丰富多样。但究竟哪种方法更为实用，还得根据不同的教学项目来确定。

如田径与体操项目，通常运动员按照自己平时的水平发挥基本上就能取得意料之中的成绩。而在典型的开放式运动中，运动员技术的发挥跟外界情境有很大的关联，如复杂多变的球类运动。一直以来，在进行运动技能教学时，教师都是从运动项目技术角度这一层面展开教学，这样的教学方式如果用在封闭式运动技能教学上是可以行得通的，用在开放式运动技能教学上则是不够的，因为它忽视了技能形成与环境的交互作用，这样一来必然对教学效果产生很大的影响。

由于体育项目的特征，学习者不仅要学习掌握好基本运动技术，还需要结合对环境的把握预判及技术的选择来发展思考、判断等多方面的能力。而在体育教学改革中提倡发展的就包括这些隐性知识，像探究能力、创新能力一直以来都是新课程目标所津津乐道的。在平时的教学中一个较普遍的现象是一些同学在平时课堂练习时各项都能达标，但在比赛时经常发挥失常。这是因为他们没有真正理解运动技能项目的特征。真正实战场上外界环境瞬息万变，自身发挥受环境干扰较大，相比一般技术能力来说，预判决策能力显得尤为重要。教师要引导学生去思考去分析，并注意实践经验的借鉴意义。

在学校体育改革逐步深入的背景下，探寻更多行之有效的教学方法或教学模式的实证研究，对学生运动技能的学习和兴趣爱好认知能力的培养具有重要的意义，也符合新课标下教学创新的指导思想。

随着学校教育深化改革以及体育改革逐渐深入，高校体育工作一直都在探索新的教学方法。“健康第一、以人为本”的教育理念是现今体育教学课程的指导思想，也是时代发展的必然趋势。体育教学应充分发挥学生的主体性，把学生作为体育教学的出发点，提高学生的体育素养，挖掘并开发学生的潜能，使学生快乐地学习。教师应意识到“满堂灌”的教学方式已经不能满足现在教学的需要，应更多关注发展学生的自主性和创造性。

五、体育教学模式

（一）学校方面

体育课几乎是每所高校都开设的，然而每年的大学生体质抽查情况并不理想。这说明高校体育课仍然存在问题。一方面，高校在体育教学的管理制度与评价机制等方面存在不足，直接引起体育教师在体育教学过程中的松懈，从而导致学生的学习效果不理想；另一方面，高校的体育教学内容有待丰富，而且教师是课堂的“主人”，忽视了学生的自主性与个性化发展，导致学生缺乏对知识的深入了解，进而导致学生对体育运动的厌恶，使树立终身体育意识的教学目标不能达成。

（二）教师方面

教师是体育课的执行者，是连接学校与学生之间的纽带。传统的体育教学模式较为单调。一方面，教师的教学方法单一，缺乏系统性，无法使学生真正理解技术动作，在课堂上教师示范、学生练习等流程导致教学的无趣，同时教师的教案中缺乏一些趣味性的内容，不利于活跃课堂气氛。另一方面，由于很多教师长时间没有经过系统的训练与练习，动作技能生疏或者变形，与日益提高的教学水平要求不符合。准确的示范动作能使学生对技术动作有深刻的了解与全面的认识，所以，提高教师示范的准确性可以提升体育教学质量。

（三）学生方面

传统教学模式的乏味性，造成了一些学生对体育运动的厌恶，他们消极对待体育技能的学习，体验不到运动的乐趣。俗话说“兴趣是最好的老师”，体育教学只有激发学生的兴趣才能取得良好的效果。传统教学模式下的教学效果往往出现两极分化的局面，而学得好的学生多因为喜欢这项运动，学得不好的学生多因为抵触这项运动，在这种情况下，学生的身体得不到有效的锻炼，导致身体素质较差。提高学生的身体素质已迫在眉睫。

六、体育教学实施

传统的高校体育教学是以体育教师为主体的。教师先在课上对本节课学习的内容集体进行讲解示范，接着学生进行模仿练习，然后教师在其间发现易错点，再把学生集中起来，对学生的错误动作进行讲解与纠正。在传统教学模式中，教学安排简单，且教师讲解示范的时间会占据课堂时间的很大一部分，留给学生练习的时间很少。传统教学模式下的体育教学实施流程如图 3-1 所示。

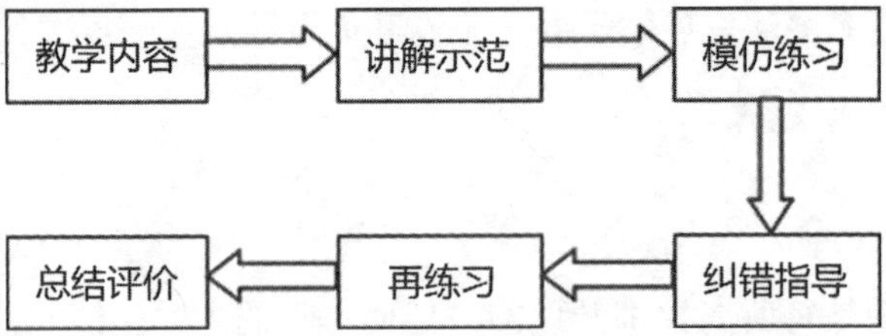

图 3-1　传统教学模式下的体育教学实施流程

对于教师的示范与讲解，学生通常是无法一次就掌握与理解的。在传统的教学模式下，教师需要不断地进行示范、讲解，这就占用了体育课的大部分时间，教学效率低下。同时，在这样的教学模式下，教师成为课堂的主体，学生只是进行简单的模仿与练习，学生在体育课上的自主参与减少、对体育课堂的兴趣降低。这种教学模式大多只是为了应对考试，没有将培养学生终身体育意识作为目标，不能承担起提高学生运动技能与体质的重任。

七、体育教师队伍

良好的体育教学效果离不开强大的师资力量，而师资正是高校体育教学所急需的。在高校体育教学中，高素质的体育教师队伍是保障体育教学质量的关键。现在，完善体育教师年龄结构和增加体育教师数量是高校体育教学发展亟待解决的问题，此外还包括年轻教师的培训工作以及教师的福利待遇等问题。

随着社会的进步和科学文化知识的不断更新，教师需要不断学习与教育有关的理论知识、课程内容、教育理念等，由此提升自身能力。无论是教育理念、教材还是教学内容、教学方法、评价指标的改革，最终都要看教师的实施效果。

素质高、教育理念先进的教师队伍能更好地完成改革要求。高素质的教师是指具有完善的知识体系架构、专业的教学技能和体育运动技能、优秀的个人政治品质和思想道德素质、一定的心理健康咨询能力的教师。由这样的教师组成的全能、可靠、开拓型的教师队伍有利于高校体育教育改革的实施。

高校可从以下几方面来加强体育教师队伍的培养。

第一，引进高质量的师资。由于高校办学自主性与多样性相对不足，课程设置多按部就班，导致体育教学基本一直处于传统的阶段。因此，大量引进体育人才，能给高校输入新鲜的血液，有利于健康体育教学的实施。

第二，对体育师资队伍给予持续性培训政策。中老年教师是高校教学的坚实基础，青年教师是未来高校教育的骨干和主要力量，高校应分别针对两种类型教师的特点予以培训，加强对中老年教师和高级职称教师的新教育理念的灌输，切实提高青年教师的知识水平，激发其积极态度。同时，高校可采取出国进修、培训教育等方法来提高整个教师队伍的学历水平，争取建设成数量充足、质量突出、教学能力强、结构完整的体育教师队伍。

第三，注重高校之间的联系与合作，增加信息交流。为了减少因闭门造车而走的过多弯路，高校应每年定期组织体育学科课程改革优秀经验交流会和研讨会，聘请知名高校体育院系的专家和教授进行学术交流探讨，充分调动各方共同探讨高校体育教学改革的积极性，开阔体育教师的眼界，提升其思维水平，从而提升体育教学质量。

第四，确保体育教学科研经费的投入。高校应加强体育师资队伍专业素质的培养。专业素质不仅包含专业知识，还包括现代教育理念和思想。高校应该支持体育科研工作的进行，促进体育教学与科研成果的有机结合。高校可集体组织体育教师申报专题研究，并对获奖教师给予相应的鼓励和表彰。

此外，高校应注重人文环境的打造，提高教师的待遇，建立物质奖励与精神激励并存的体系，从多方面优化师资，稳定教师队伍，提高教学质量。

八、体育教学指导思想

我国体育教学中影响较大的指导思想有增强体质指导思想、“快乐体育”指导思想、终身体育指导思想、“全面发展”指导思想和“健康第一”指导思想。其中，增强体质指导思想注重改善学生的体质状况，但在实行的过程中多过度强调学生的运动密度和生理指标变化，教师应注意在兼顾增强学生体质的同时关注学生的心理变化；“快乐体育”指导思想偏重于关注学生在体育课堂中的情感状态，为避免在实行的过程中出现“放羊式”的课堂管理，教师应在把握“快乐体育”指导思想的深层含义的基础上实施教学；终身体育指导思想注重学校体育对于学生产生的教育延续性，但常忽略学校体育近期目标的设定，教师应注意全面、正确地规划课程内容；“全面发展”指导思想注重促进学生德育、智育、体育全面协调发展，教师应注意统筹教学时间、合理规划教学内容；“健康第一”指导思想注重学生体质健康状况的改善，教师应注重区分学生成长的不同阶段及每个学生的不同状况，结合当前最新的科学知识来指导学生。

进入21世纪后，我国生产力迅猛发展，人们的物质生活富足、生活质量显著提升。在此时代背景下，人们对健身锻炼愈发关注，普遍认为体育运动是提高生活质量的重要途径。随着义务教育的普及，社会、政府不断增加对学校教育的投资，学校体育场地设施在不断完善，体育教育系统也在不断完善，这些因素不断推动着学校体育的发展。学校体育指导思想是关乎学校体育建设的重要内容，如何跟上时代发展的脚步，更好地满足学生的健身需求，是决定我国学校体育未来发展方向的重要因素。

（一）贯彻“以人为本”的原则

进入21世纪，我国生产力和科学技术发展突飞猛进，人们的生活质量有了极大提升，人们在享受物质条件带来的满足的同时，开始追求精神文明建设和全面发展。2016年，国务院发布《关于强化学校体育促进学生身心健康全面发展的意见》。2017年，党的十九大报告强调，必须坚持以人民为中心的发展思想，不断促进人的全面发展、全体人民共同富裕。2019年，《体育强国建设纲要》中提出，坚持以人为本、改革创新、依法治体、协同联动。“以人为本”作为当代教育的基础价值观，将教育和人的美满、自尊、无拘无束及最终价值关联在一起，提倡以人文精神养育人，培育全面发展的人。

体育在建设体育强国及全面建设社会主义现代化国家中发挥着极为重要的作用。“少年强则国强”，青少年是一个国家发展的希望，我国要想实现体育强国的目标，必须重视青少年体育的全面协调发展。学校是培养青少年体育技能的重要场所，要想培育出全面协调发展的优秀人才，学校体育教育就要在促进学生身体素质的全面提高、身体姿态的协调发展以及身体机能的正常发育的基础之上，有规划、有目的地融入思想品德教育，形成提高学生身体素质与提升学生品行的完美融合。促进人的全面发展是“以人为本”教育理念的体现，“以人为本”的现代教育价值观强调把人的自由、幸福和教育密切结合，拓宽了教育视野，积极促进了全面发展指导思想的践行。

（二）进一步树立“健康第一”的指导思想

当今社会科学技术飞速发展，在这个信息化时代，人们的生活方式和工作方式发生了巨大的改变。高科技已经替代了人类一部分劳动力，生产力的发展不再单纯地以人类劳动力为依托，未来社会人们的劳动强度会愈加降低，休闲娱乐的时间会不断增多，生活质量也将会不断提升。同时，由于现代社会交通工具的便捷以及多种工作及休闲方式的静态化趋势，导致人们的体力活动大为减少。2016 年之前，全国学生体质健康状况连续多年下滑。2016—2018 年，下滑状况得到初步遏制。在此背景下，改善青少年身体素质的状况，帮助青少年养成体育锻炼习惯必须提上日程。

学生在进行体育比赛时可以学习到如何遵守比赛条例和规则，怎样尊重竞争对手及裁判，怎样公平竞争，以及如何与同伴建立合作共赢的关系。这不仅能锻炼学生在竞争激烈的体育比赛中灵活运用自身所学的知识、技能来分析、解决问题的能力，而且能锻炼学生在运动训练以及比赛过程中不怕累、不怕苦、勇于拼搏、永不放弃的精神。青少年在学校体育比赛中培养出的道德品质、意志品质对其未来进入竞争更加激烈的社会生活具有莫大的帮助。在学校体育教育中充分发挥“立德树人”教育理念，能更好地培养出有文化、有品德、有抱负、守纪律的社会主义建设者和接班人。

（三）发展终身体育

我国很重视全民健身教育的推广。国务院曾相继颁布《全民健身计划纲要》《全民健身计划（2011—2015 年）》《全民健身计划（2016—2020 年）》《全民健身计划（2021—2025 年）》等文件。全民健身教育的主要目的在于整体提高我国国民的体质以及健康状况，这与我国终身体育指导思想的践行目标是基本一致的。随着当今社会的发展，人们已经意识到，教育不仅仅局限于学校中，而是学校教育、家庭教育、社会教育的有机融合。终身体育指导思想强调学生不仅要在学校中进行体育锻炼，还要在一生的各个阶段继续坚持锻炼，将体育锻炼延续终身。

学校体育教育并不能肩负起青少年培养终身体育意识的全部责任，青少年身体素质以及体育态度的培养很多时候受到家庭教育以及社会教育的影响。在青少年终身体育意识的培养中，学校体育可以为其提供专业的体育教育知识以及场地设施；家庭体育是学校体育的完善和延续，是社会化体育的基础；社会体育为学校体育提供社会实践的机会和场所。未来的学校体育教育，应融合家庭体育和社会体育协调发展，更好地帮助学生树立终身体育的意识。

九、体教融合

“体教融合”是以新技术为支撑，以教育系统为培养主体，以竞技体育促进人的全面发展为桥梁，以实现人的全面发展为最终导向，为国家的竞技体育储备人才，为国家人才战略计划做贡献的重要教育举措。其最终目的是克服体育和教育在运动员有限的时间和精力内无法良好共生的弊端。通过多媒体、数字网络和人工智能等新技术手段的运用，既可以打破运动员在常规文化课程学习与专项训练上的时间冲突，也可以协助完成专项能力测量、训练干预、技术动作优化提升等事项，从而提高运动员的训练效率、减少运动损伤，最终实现运动员在体育和教育两方面的和谐发展。

“体教融合”可以分成三个层次：一是体育和教育相互配合，二是体育和教育相互结合，三是体育和教育相互融合。目前进行的体育体制改革的目标，处在实现第三个层次的阶段，即让体育和教育相互融合。“体教融合”是“以人为本”理念的具体表现。在体教融合模式下，高校体育教育工作将得到重视，青少年体育锻炼的机会将更多，高校也将为国家输送更多高质量的劳动者和体育人才。“体教融合”是面向体育发展、教育发展、社会发展的整体人才战略，是实现教育事业人才培养目标的内在要求。

现阶段我国施行的体教融合模式包括“混合型”“省队校办”“清华模式”“南体模式”四种类型，目前都还没有达到体育和教育相互融合的程度。其中，“混合型”模式是体育部门组织建队和自主建队相结合的模式，根据我国现有体育体制和各级大学生体育竞赛的规程来看，“混合型”模式是我国促进“体教融合”深入发展的一条必经之路。

但是我国要实现体育体制向“体教融合”的转变，还有很多的问题需要解决。体育和教育一直以来都是两个相对独立的系统，要使之成为一个整体，那么标准、规则、运行方式等革新都需要深入探索。“体教融合”是我国体育事业发展的必然趋势，我们应坚守这个方向，针对问题采取有效解决策略，克服种种障碍，最终实现建设体育强国的远大目标。

十、体育教学评价

教师对学生的评价在一定程度上反映了学生的学习情况，及时的评价有利于学生对于知识和技能的掌握。教师对学生的评价对体育教学至关重要，是学生上体育课的指挥棒。如果评价得不科学，就会影响学生的学习积极性，因为一个集体是否团结友爱、保持上进精神，与这个集体是否公正有着非常大的关系。如果教师对学生的评价出了问题，那么优秀的学生可能不会再努力，不优秀的学生可能会在学习上投机取巧，非常不利于体育教学的持续开展。

同样地，对教师的工作也需要做出评价。高校体育教学评价机制的确立是有效开展学校体育评价工作的前提，只有建立了稳定有效的评价机制，才会对相关执行效果进行检验，从而激励包括教师在内的执行人员持续执行。高校体育教学也需要建立一套评价机制以便及时发现体育工作中存在的问题，从而促进体育教学工作的顺利执行。教育部于 2014 年颁布实施的《高等学校体育工作基本标准》是对高校体育工作评估、检查的重要依据。高校体育教学评价内容如表 3-1 所示。

表 3-1　高校体育教学评价内容

评价项目	评价内容
体育工作规划与发展	指导思想与发展规划
	组织机构管理
	工作规章制度
体育课程设置与实施	体育课程设置
	教学文件与制度
	教学研究与改革
	教学质量监控与评价
课外体育活动与竞赛	课外体育锻炼
	学校体育竞赛
	课余体育训练
学生体质监测与评价	学生体质健康测试的实施
	学生体质健康测试的应用
	学生体质健康指导
基础能力建设与保障	体育经费
	师资队伍建设
	体育教学条件

高校体育教学评价是为了更好地改进体育教学，从这个角度上说，对学校体育教学工作的评价不仅仅是为了“评价”，而是要在评价之后给予反馈，评价反馈的程度直接影响高校和学生进行自我行为的调整和把控。

正如学生学习的评价结果——考试成绩可以用于评优评先一样，对高校体育教学工作的评价结果也应纳入对相关主体的考核范围，这样才能更好地发挥评价的激励作用。高校体育教学评价主要是对学校体育教学主体和学校体育工作开展的评定，由于教师在学校体育教学工作开展中处于核心地位，其主观能动性直接影响学校体育教学工作的开展，所以对教师的评价是最核心的部分，而评价结果如何运用就成为评价的重要一环。

第二节　高校体育教学发展中存在的问题

一、体育教学指导思想中存在的问题

对于我国学校体育指导思想执行过程中存在的问题，学者们从多个角度进行了论述。

增强体质学校体育指导思想。张玉超、康娜娜在《改革开放后我国学校体育思想的发展回顾与展望研究》一文中指出，增强体质学校体育指导思想下体育教师对于体育思想本质的理解存在偏差，运用的教学手段过于枯燥乏味，磨灭了学生对于体育课的兴趣，教学评价的量化标准也过于严格。陈万红在《我国学校体育教学指导思想的历史嬗变与反思》一文中指出，增强体质学校体育指导思想是对学生体质状况单纯的“生物改造”，造成了增强学生体质和运动技术练习的脱离与对立，文章认为，增强体质作为一种学校体育指导思想体系而言没有完成体育教学的教育和文化传播功能。

全面发展学校体育指导思想。李晓红在《近代以来我国学校体育思想发展历程研究》一文中指出，全面发展学校体育指导思想涉及的内容太过广泛，在实践的过程中很难抓住重点，全面发展学校体育指导思想应该作为一种发展理念而不能作为一种具体的实践方法。（注：我国关于全面发展学校体育指导思想实行过程中存在问题的研究较少）

终身体育学校体育指导思想。李晓红、张玉超、康娜娜观点近乎一致，都认为终身体育学校体育指导思想涉及的概念太过广泛，不能在课堂中做出量化标准，因此应该作为一种教学原则而不能作为具体指导学校体育教学工作的指导思想。马卫平及李凌霞等人在《当前对学校体育认识的误区》一文中，将执行终身体育指导思想过程中出现问题的原因，归为体育教师没有将体育教育看作一个可持续发展的整体，因而没有培养学生的体育习惯和意识，没有帮助学生养成“终身体育”的习惯。

快乐体育学校体育指导思想。肖非在《快乐体育在学校体育教学中的异化研究》一文中指出，快乐体育学校体育指导思想在指导教学实践过程中，“快乐体育”被异化成了一种教学模式或方法，被误等同于“玩乐体育”。梁立启、邓星华在《国外学校体育思想的传入及其对我国当代学校体育发展的启示》一文中指出，快乐体育学校体育指导思想在学校体育具体的教学过程中过度强调了学生对于学习的兴趣，没有达到教学规定的运动负荷量度。

“健康第一”学校体育指导思想。熊文在《辨误与厘正：学校体育“健康第一”理论立足点检视》一文中指出，我国“健康第一”学校体育指导思想在执行中的问题源于实行者对“健康”概念的定义不明确。陈万红在《我国学校体育教学指导思想的历史嬗变与反思》一文中指出，“健康第一”学校体育指导思想在执行的过程中过分夸大了体育的作用，单纯地认为体育是达到健康水平的独木桥，没有认清体育在促进青少年健康水平提高过程中的地位。

对于我国学校体育指导思想执行过程中存在的问题，有的学者统筹多个学校体育指导思想进行了总结。李新威、李薇在《以人为本视域下我国学校体育发展中的问题》一文中，从“以人为本”的视角出发分析了我国学校体育指导思想执行中存在的问题：对“以人为本”的深层含义认识不明确；应试教育思想使得学校体育功能偏离航线。任天平在《学校体育指导思想的演变历程及其反思》一文中指出，学校体育指导思想在执行的过程中过度重视学生的健康发展，忽视了学生体质下降的本质问题，使“健康第一”的学校体育指导思想陷入流于形式的旋涡之中。

综上所述，虽然现存的大部分研究集中在我国高校体育指导思想中存在的问题方面，但研究中提出的问题深度不够，也没有结合当前国内环境去分析并提供解决方案，因此，实际的借鉴意义不大。只有结合当前的国内体育环境提出具体的问题，对于今后我国高校体育指导思想的改革才有借鉴意义。

二、体育教学内容存在的问题

（一）教学内容设置衔接性差

高校体育教学应在体育知识技能掌握和学生身体素质的发展依据之间建立衔接，以学生运动习惯和良好生活方式的形成为依据建立衔接，以学生社会情感发展和社会的需求为依据建立衔接，以发展学生的运动能力为依据建立衔接。良好紧凑的衔接有利于学生体育技能的掌握。目前，总体而言，高校体育教学内容重复性高，各教学单元之间缺少整体组合的衔接性，导致学生对体育教学内容掌握得不牢固，对已经学习过的内容不能充分了解。

（二）教学内容设置过于单一

大部分高校体育教学内容主要是接力跑、障碍跑、跳跃、投掷、快速反应等内容，其中经常教的教学内容中接力跑游戏、跳跃游戏占比较大，未教的内容中攀爬游戏有一定的占比，这说明大部分的高校体育教学在教学内容的选择上和实际操作中，以易授课、好组织、安全性高的教材为主，以学生的体能性运动为主，攀爬、传统游戏的选择率不高。高校应加强对学生全面发展的深入关注，教材选择应呈现多样化特点。

（三）教学内容设置重复率高

目前，高校体育教学内容存在一定的重复性，这造成一些学生在学习过后，并不了解学习过的内容。出现这种情况的原因有：每节课内容都很相似，仅是变换方式方法来做身体锻炼而已；学习内容不明确；缺乏学习计划；缺少复习与巩固等。其中，教学内容不明确、教学内容重复是学生不了解已经学习过的内容的主要因素。

三、体育教学方法存在的问题

在体育教学系统中，教学方法是灵魂。体育教学与其他学科教学最大的区别就是其强调动作技能和方法，所以在体育教学中单纯讲授教材内容，流于板书形式以及通过视频教学等，是无法满足学生需求的。在现代高校体育教学中，体育教师应积极利用现代信息技术，把运动技术重难点、常见错误动作制作成课件，与学生共同分析、发现并解决问题，从而提高学生的技术动作水平，以及分析问题和解决问题的能力。同时，教师还要正确进行动作示范，合理组织模拟演练，将技术动作的要领进一步深化，使学生能够更加深入地理解运动技术，激发学生的潜质及能动性，从而促进教学效果的优化。

四、体育教学考核评价中存在的问题

目前，大部分高校并没有形成一致的学生评价和教师评价教务系统，因此学校可能无法获知真实的教学情况。一般情况下，学校很难通过教师来了解学生对体育教学内容的要求，也很难通过学生发现内容安排的不足之处。

传统体育教学评价的具体内容，按照不同类别可分为参与项、技能项、身体、心理、社交等，采用的评价方法有诊断性评价、终结性评价、过程性评价等。传统体育教学评价的主体分别为学生、教师，评价过程中最常用的形式是考核性评价。

传统体育教学考核评价方法在现在的大环境中，存在一些不足之处，如无法全面了解学生的兴趣特长，因而无法规划更合理的课程，使得部分学生缺乏对体育学习的热情和主动性，造成了部分学生对体育课提不起兴趣甚至是讨厌体育课的现象。

同时，在传统体育教学形式的影响下，学生通常只需在指定的时限内和所规定的场地中接受体育教学考核评定，教师更多的时候只会要求考核对象完成一定的任务，并以统一标准下考核对象对任务的完成度作为评判依据，在进行相关成绩的现场纸质登记评价后，再录入计算机系统。对于体育基础略差的学生而言，由于他们无法达到统一标准或刚刚达到标准，心理容易产生落差，无法发挥所学所长，内心要求得不到满足。

这种形式的体育考评标准通常是由专门的体育教师来负责制订的，包括考核要求的规定时限、指定项目、统一标准等，所有考核对象只需在考评人限定的时间内完成指定的考核项目，便可视作完成考核。在这种情况下，学生大多只是把完成考核内容视为一种任务，对于任务完成的好坏并不予以特别关心。这是因为教师并没有调动学生的自主性和学习热情，学生主体意识感薄弱，为了完成任务而进行考试，造成考评效果不佳、成绩达不到要求等现象。

具体来说，体育考评主要存在以下三方面问题。

（一）体育教学评价的内容不够全面

在传统体育教学中，一般将一些列有具体评价标准的明细图、详情统计图等各种图表的数据情况作为体育教学过程中唯一的价值评判依据。但对于评价对象在体育教学过程中的付出以及心理方面的发展变化、学生的特长能力以及兴趣爱好等方面却极少制定评价准则，弱化了体育教学评价在这些方面的作用，不利于学生自主学习体育技能与发展运动特长能力的培养。

（二）体育教学目标设定较生硬

体育教学目标是体育教学评价的一个量度指标。现代化的体育教学目标设定讲究无误差、客观、科学，学生群体不同年龄段的目标设定也要加以区分，重点围绕学生的身、心、社交等不同方面制定多元的目标。传统体育教学目标设定内容更多的是考量操作便捷性，体育教学的组织形式并未体现学生的主体意识，缺乏强调个体差异性。

（三）体育教学评价易忽视过程性特征

传统体育教学评价过程中常见的不足就是容易忽视学生的过程性特征，主要表现在以下方面：第一，对考核评价结果描述过于定性化，缺乏创新性；第二，对体育教学过程更侧重于定量评价，缺乏考虑学生的个性化发展；第三，在不同的体育教学环节中，都是执行标准的统一法则，缺乏引导性，没有充分发挥学生的自主性。上述内容都是过往体育教学评价过程中存在的缺陷，达不到现代化体育教学评价所提出的“对结果要保持客观、对过程要尊重科学规律、对学生的发展要全面考虑”等方面的要求，因而，依据传统体育教学评价过程产生的评价结果，难以令人信服。

教师对学生的评价，大多数情况下对学生来说是积极的，可以提高学生的学习积极性，但显然，在教师评价过程中需要注意一些问题。比如，对一项新的运动项目来说，学生正处于学习技术的初学阶段，还不能分辨动作的要领及其重难点。教师如果仅仅是从宏观方面给予学生肯定的评价，没有明确针对性，或者使得学生在学习运动技术的过程中依然感到很迷茫。所以，教师应对学生进行针对性评价，指出他的动作好在哪里，哪里还存在不足之处等。这样一来，教师对学生的评价具有引导、导向作用，是对体育运动技术动作要领的深层次“讲解”，这样学生才能明白自己在接下来的练习中要注意什么，心中才会有努力的方向和学习的目标。

在体育教学中，教师是知识与技能的传授者，教师的有效评价对学生在体育学习的过程中起着引导和导向的作用。但有时教师对学生过于简单、盲目的评价，往往忽视了这些作用。典型存在的真实案例有以下两种情况。第一种，教师为了完成既定的教学目标，无视课堂实际情况，按照自认为完美的课堂设计进行到底。学生展示的动作，一旦不符合教学方案的框架，教师便会千方百计地帮其纠正，或者替换另一名学生继续进行展示，按照预先设置好的流程按部就班地上完这堂课。这样的做法忽视了给予学生适当的评价，很容易使学生产生挫败感，打击学生继续学习的信心。第二种情况与第一种正好相反，教师在体育教学中“错而不纠”，从而使练习目的与教学目标相背离，容易对学生以后的体育学习造成负面影响。

针对以上问题，体育教学评价，除了要考虑体育课堂常规的实际情境之外，还要在体育教学形式方面强调教师如何利用有限的课堂条件进行评价，重点强调教师从学生的个体指标和团体人数等情况出发，科学高效地利用教材内容进行评价，从而充分发挥体育教学评价对学生的积极引导作用。

然而传统体育教学评价形式在如今的大环境背景下是否一无是处？当然不是的。传统体育教学评价形式在当前的某些欠发达地区仍然发挥着相对稳定的作用。

国内以往针对体育教学评价的各种应用形式的研究更多体现于理论上，较少去体现在实践中的具体实施。相关人员可以在针对体育教学评价形式创新的应用案例中，找寻各种形式的优势点，以助力推动体育教学评价形式的应用发展。

完善高校体育教学评价可从两个方面进行：第一，改进评价方式。首先，要对现有的评价标准进行梳理。结合目前高校对教师的评价来看，体育教学评价主要以科研论文的发表为主，缺乏对工作开展方面的评价。其次，要注重多种评价形式并存。以诊断性评价、形成性评价和终结性评价三位一体的评价结构来开展评价，促进高校体育工作开展。第二，进行激励机制建设。从目前高校体育工作现状及关于政策执行实证的调查来说，激励机制的缺乏成为限制高校体育发展的重要原因。因为高校体育政策所涉及的相关主体从本质来说都是自然人，这就需要调动他们的主观能动性，而激励机制就是有效的办法，所以有必要在高校体育工作和政策执行方面，引入激励机制，通过奖惩等手段促进高校体育工作的顺畅开展。

五、“体教融合”中存在的问题

虽然我国“体教融合”的工作在不断地完善和创新，但是随着社会发展需求的不断提高，现行的“体教融合”机制逐渐不能满足社会发展需求，出现了一些问题。

当前，一些高校没有树立全面培养学生的观念，没有立足于国家和个人的长远发展，有的主管部门的工作理念与时代脱节。体育系统在成绩导向的工作理念下，出现超量训练、占用文化课时间等问题，或者说，超量训练后运动员也不可能有充足的精力参与文化课学习。同时，在应试教育的选拔制度下，不少高校重文轻体，片面追求文化课成绩，基本体育课程不能保障开展，对体育特长生存有歧视等现象屡见不鲜。

一些高校将运动队建设定位于快速收获业绩、提升学校品牌的工具，直接或间接来获利，并没有为“体教融合”发展做贡献的决心。限于学制问题和竞赛规则的资格限制，高校学生运动员更新换代很快，3~4 年就要完成一次大更新。繁重的训练任务、高压的竞赛成绩要求、队伍内的快速淘汰机制，对学生造成了不容小觑的心理压力，同时，高校大量存在着退队运动员无法回归校园生活的问题。

具体来说，“体教融合”中存在的问题主要体现在以下方面。

（一）人员编制问题

人员编制是指在一个组织中管理人员在对组织所需人员数量、类型、岗位等进行分析的基础上，而确定出的适合企业发展的人员的配备数量及界限。任何一个组织都不能忽略人员编制问题，必须处理好人员编制问题，才能建立一个能良好运作的管理体系。资料显示，目前我国高校体育部门普遍存在人员编制问题，具体表现在以下三个方面：

①管理者认识不到位，在人员编制管理工作上存在随意性，没有认真考核相关人员的工作能力、自身素质等条件，导致工作效率不高、管理散乱等问题。

②结构调整不到位，部门设置不合理，管理部门、执行部门和监督部门没有很好地协调工作，存在相互推诿或相互包庇的问题。

③部门协调不到位，存在各自为政的情况。组织、人事、财政、招生、日常管理以及后勤保障等有关部门沟通不足，工作脱节，影响团队运作效果。

高校应认真制订人员编制计划，以战略为导向，以现状为基础，以工作为中心，以分析为手段，建立良好的管理体系。

（二）经费投入不足

高校经费投入不足或者在经费分配上不平衡，导致众多高校在校运动队的建设上受到阻碍。高校运动队的经费来源途径比较单一，主要依靠于财政拨款。虽然目前我国高校普遍拥有优越的经济条件，但是对体育事业的经济投入是有限的。例如，江苏某高校 2018 年安全学院经费预算 4000 余万元人民币，而同校的体育学院整体运行预算不足 200 万元人民币，这其中涵盖了 5 个高水平运动队（男篮、女篮、田径、游泳、网球）的维护费用和学院所有日常运行开支。同时，在有限的经费内，高水平体育运动项目的发展又受到校领导的意见影响，校领导的爱好往往导致项目投入的不平衡，在场地设施、比赛安排等事项上均有体现。

此外，教练员、运动员的待遇大多比较差，部分高校仅能支撑一项大赛的经费，队员很少有机会参加各种比赛，而没有丰富的赛事经历又会限制他们在大赛的临场发挥。虽然地方体育部门有一些建设经费，但和教育部门的“责任共担，利益共享”的协调机制还没有彻底理顺。

（三）受益主体模糊

高校建运动队的目的是培养全面发展的高水平竞技体育人才。根据高校建运动队的目的可知，其受益主体主要是国家、高校、学生运动员三个方面，但是在实际环境中，高校建运动队的受益主体仍然存在模糊不清的情况。在国家层面上，开放大学高水平运动员招生政策的目的是培养全面发展的人才，而实际上高水平比赛仍由专业队垄断；大学的高水平运动队建设，始终得不到政府部门足够的支持力度；学生运动员想通过大学为自己以后谋得出路，但高强度的训练似乎和专业队生活区别不大，文化知识水平并没有显著提升。因此，高校运动队建设应厘清其受益主体，综合三个方面的实际需求，进行三位一体的统筹规划。

（四）管理体制障碍

高校是体育特长生的招收主体和培训主体，这就导致了为了能让高水平运动员进入高校，高校门槛不断降低，而业余运动员进入大学的障碍却在不断增多。特别是在硕士、博士阶段的招生问题上，高校倾向于招收明星运动员，想借此提升自身影响力，于是对该类人群的要求不断放宽，而这损害了教育公平，偏离了竞技体育与高校体育融合发展的轨道。同时，高校对于高水平运动队的文化知识编制了专门的培养方案，但是基本上运动员集中在指定专业，单独住宿、单独开班，几乎不与普通生接触。且高校通过运动员的训练和比赛抵消学分，减免课程，降低对他们的毕业要求，这些虽然帮助运动员完成了学业，但是不利于其综合素质的发展，也损害了运动员的受教育权。这本质上又回归了“举国体制”下成长起来的运动员大多存在文化知识薄弱的问题。学训矛盾彰显，是“体教融合”发展工作的重大阻碍。

第四章 高校体育教学的优化

高校教学处于不断发展的进程中，体育学科作为高校教学活动中的必修课程，在高校教育中发挥着重要作用。体育教学不仅可以强健学生的体魄，而且能与德育相结合，陶冶学生的情操，对于提升学生的心理健康和生理健康水平大有裨益。本章为高校体育教学的优化，分为高校体育教学方法的优化、高校体育教学内容的优化、高校体育教学环境的优化、高校体育教学过程的优化四节。

第一节 高校体育教学方法的优化

一、高校体育教学方法的类型

（一）分层教学方法

1. 分层教学方法的含义

分层教学方法是指基于学生之间普遍存在的差异性，教师在面向全体学生的基础上，有针对性地对不同学生群体制定不同层次的教学目标、教学方法及评价手段的教学模式。应用分层教学方法的目的是在充分尊重学生个体差异的基础上，让层次不同的学生都能够发展得更好。

2. 分层教学方法的重要意义

（1）有利于内部良性竞争

分层教学模式的分层不是一成不变的，它需要教师根据不同课程内容的要求来进行合理分组。每个组的学生在完成本组目标后可以实现跨越组别，进入要求更高、更难的那组。教师在其间要起到调动学生积极性和协调分组的作用，鼓励学生形成互帮、互助、互赶的学习氛围，使学生逐渐养成乐于学习、乐于分享的习惯，为学生终身学习习惯的养成奠定基础。

（2）有利于提升课堂教学效率

传统的高校课堂由教师制定统一的教学目标，按照统一的教学方法进行教授，最后根据统一的标准对学生进行评价，导致基础较好的学生完成得很轻松，对于课程或充满轻视态度，而基础较差的学生则会产生畏惧心理，这不利于“终身学习”理念的落地。分层教学模式强调尊重学生的个体差异，侧重于关注不同层次学生对薄弱环节的掌握，有利于激发学生的学习兴趣和自信心，从而提升课堂教学效果。

3. 分层教学方法在高校体育教学中的应用策略

（1）隐性分组

在分组时，教师要做到不给学生贴标签，深入了解每个学生的情况，在教学过程中做到心中有数。另外，在实际教学过程中，教师在语言、肢体上不可表现出任何否定意味，要尊重每一个学生，在练习过程中为学生提供有趣的练习内容和恰当的指导，消除学生的疑惑和敏感，保护学生的自尊心。

（2）动态分组

在分层教学模式中，每个组别的学生不能是一成不变的，应该实施“动态分组”。教师应根据学生的体育运动能力、学习能力、兴趣爱好的不同情况，针对班内不同学生的接受能力设计不同的教学目标，并根据不同的教学目标对学生提出不同的学习要求以及进行不同的教学辅导，最终进行教学评价。教师应灵活教学，积极引导学生，激发学生的学习热情和对成功的欲望，尽量让每一个学生都有所收获。教师需要将教学目标与学生实际情况相结合，合理分组，及时调整分组，充分调动学生学习的积极性。

（二）合作学习方法

1. 合作学习方法概述

合作学习也叫协作学习，是一种人与人之间相互协调、交流、互助的学习方式。它起源于 20 世纪 70 年代的美国，并在接下来的十几年中，由于其极具创造性和有效性的特点成为教育界普遍认定的科学的教学策略。但是迄今为止，合作学习仍没有一个确切和统一的定义，人们比较认可的是来自美国明尼苏达大学的约翰逊兄弟的定义解说：合作学习采用小组形式的学习模式，在共同的学习活动中，促进学生身心发展。

2. 合作学习的常见方法

（1）小组式合作学习

将学习者（教学中主要指班级成员）分为几个小组来学习。比如全班有 50 个学生，则可以分为 5 个小组，每个小组 10 个人；或者分为 6 个小组，其中 4 个小组每组 8 个人，剩下 2 个小组每组 9 个人。分组原则上由抽签决定，这样比较公平，且能够使小组学生的组成结构较为均匀，一般会有较优秀的学生也有反应较慢的学生，能够起到互助学习的作用。

分组后基本的教学流程如下。首先，小组内部协调，每组选出小组长，负责讲明教师的指令要求且分配学习任务。同时，各小组在教师的指令下组成教学所需要的队形，以便顺利完成学习。其次，开始合作学习。第一步，小组长在教师的教学要求下带领小组成员开始活动，自主练习教学的内容，活动过程中注意做好保护工作。第二步，教师整合自主练习之后的小组成员，列好队伍，教师对学习的内容以及需要示范的动作和技术做详细的解说和演示，学生边听边模仿学习。第三步，小组自行开展活动学习，互相帮助，小组长负责指导和示范工作，并将学习成果反馈给教师，在此环节需保证每个学生均在其中有参与。最后，教师总结评价。

综上，小组式合作学习的流程一般为：组队→组内自主练习→教师示范→组内学习→成员互评→小组长上交评价总结→教师综合评价→下课。

（2）小组竞赛式合作学习

小组竞赛式合作学习同样首先需要进行分组工作，小组成员一般控制在 8 人为一组，如全班有 40 个学生，则可以分为 5 个小组。基本教学流程为：全班学习→小组合作学习→小组进行教学比赛→学习成绩评估。

第一步，教学竞赛活动通常有几个环节，因此教师首先要将这些环节划分开来，一般分为 5 至 7 部分即可。学生听取教师对每部分的内容和方法说明，教师宣布竞赛开始。第二步，竞赛过程。这个过程主要依靠小组长的分配模式进行比赛。竞赛可以实行 1 VS 1、2 VS 2、3 VS 3 等对抗模式。第三步，经验交流。经过一轮竞赛之后，各个小组之间相互穿插取经，学习其他小组的取胜经验。第四步，交换组员。选择技能较强的组员与其他小组交换，相互指导取胜经验。第五步，评价。每组派一名学员评价本组和其他小组在学习竞赛过程中表现出来的优点与缺点。第六步，教师总结评价。

这种小组竞赛式合作学习的方式和上面的小组式合作学习方式一样，其根本目的是学生之间互相学习、互相帮助，由技能较强的学生帮助较弱的学生。

在活动后期评价中，教师要做到客观评价，且要对有进步、有突出表现的学生进行鼓励，增强他们的自信心。

（3）集体互动式合作学习

集体互动式合作学习也需要先进行分组，如全班有 50 个学生，则可以分为 5 个小组。

集体互动式合作学习的教学流程如下。教师将教学要求向学生交代清楚，并对其中一些学习内容给学生做详细的讲解示范，同时要求每个小组领取学习任务。小组领取任务之后集思广益，对任务进行解析和设想，相互交流讨论。最后教师对学习内容进行演示指导，为学生解除疑惑。

这种合作方式能够使学生最大限度地发挥自身的想象力及对新理念的创造力，养成合作学习的习惯，学会借助集体的力量。

二、高校体育教学方法的选择

（一）应有助于课堂教学目标的完成

教师的教学方法需要结合学生的特点与教学内容进行，同时，教师教学方法的选择应当考虑到学生的课堂学习目标与教师课堂教学目标的完成。因此，教师在选择相关教学方法时，应当分析教学内容的特点，合理地设置教学目标，选取教学方法，这样一来，才能确保教学方法与教学内容的有效结合，从而促进课堂教学目标的有效完成。教学方法的好坏，是在不断探索更新中判定的，教师应当充分结合实际情况与相关理论进行选取。

（二）应有助于激发学生的主观能动性

无论在哪一门课程的教学过程中，学生都是课堂教学的主体，教师应当通过合理运用教学方法，激发学生的主动性，提升学生的课堂学习积极性。体育本身是一门较为活跃的课程，需要师生的参与和配合。因此，在体育教学中，教师在选择教学方法时应当考虑体育课程的特点，合理地选择教学方法，尽可能激发学生的主观能动性，使学生的课堂学习效率得到有效的提升。

（三）应有助于教师合理把控课堂教学节奏

高校体育教师在选择体育课堂教学方法时，不仅仅要考虑学生的课堂接受能力，同时还要考虑自身的相关能力。无论选取哪种教学方法，教师自身必须确保能够准确把控教学的节奏，对于学生的课堂反应能够做出预想的应对。当然，这些考虑的因素与教师自身的教学经验有很大的关系。所以，教师在选择教学方法的时候，需要对自身的实际情况以及课程把控要求加以考虑。

三、高校体育教学方法的发展

（一）教学方法多样化

高校体育教学是一个动态的过程，尽管教师会按照教学内容、目的、任务与学生的具体情况选择合适的教学方法，但在教学实践中仍存在应用时的变化。为了顺利实现高校体育教学的目标，教师在运用教学方法时，应统观全局，将多种教学方法有机结合，使教学方法体系的整体性功能得以充分发挥。现阶段，高校体育教学方法呈现多样化的发展趋势，这对于教学效果的取得与教学目标的实现具有十分重要的作用。

（二）教学设备现代化

现代科学技术的快速发展促进了现代化教学手段的使用，丰富了高校体育教学的资源。在高校体育教学过程中，现代化教学手段的广泛使用，使学生空间与时间的感知得到扩展，认知客观世界的能力得到提高。一方面，在高校体育教学中引入现代化教学设备，不仅能使教学活动更加形象、生动，还能提升体育教学的科学性与吸引力。另一方面，将现代化教学设备引入高校体育教学中，有利于各种教学方法的有机结合，便于充分调动教师和学生的积极性，进而能够获取较佳的教学效果。

第二节　高校体育教学内容的优化

一、高校体育教学内容的特点

（一）多样性

由于体育内容的起源方式和文化背景不同，体育教学内容也存在着区别，而体育内容的传统起源影响着人们对体育教学内容的认知。因此，体育教学要根据实际情况“对症下药”，从而使体育教学得以顺利开展并取得良好效果。

（二）实践性

体育教学内容需要学生通过肢体作用才能完成，因而实践性是体育教学内容不可忽视的一个重要特点。不同于其他学科通过在室内课堂上的讲授、做题等方式达到教学目标，体育教学内容无法单纯通过讲授理论的方式来完成传授——实践是体育教学的主要进行方式，学生必须通过实际的体育运动来体验才能完成。另外，国家规定的体育教学目标中也包含心理健康部分，而合适恰当的体育活动可以达到对学生心理健康的调适与引导。综上，实践性是体育教学的特点之一。

（三）娱乐性

大多数体育活动是由人们日常生活中的娱乐活动进化而来的。娱乐性不仅体现在人们身心的愉悦上，还体现在竞技体育的竞争、合作、超越等精神层面，包括人们对于新的运动项目的体验和掌握的成就感，也包括人们对体育环境、场地、竞争规则、竞争形式等方面的认同。当学生参与体育学习时，一定是因为对这项体育项目感兴趣，才会主动接触和学习。教师在教学中应注意发挥娱乐性对学生学习兴趣的调动作用。

（四）健身性

健身性是体育教学独具的特点。大多数体育教学锻炼内容是以肌肉运动的形式开展的，这无疑会给身体造成一些负担，所以练习者要在合理的范围内参加体育运动。在实际教学中，为了保证体育教学内容的完整性，教育工作者做出了许多努力，比如根据学生的不同身体部位特征和受教育者的不同身心特点来制订科学化训练计划，对于运动强度进行合理规划，并评估每个教育部分的效率。但是由于学生学习时间的安排、学习目标的优先次序等因素，这些训练计划常常无法按计划顺利进行，也就是说，学生的实际训练情况基本处于一个不受控制的状态。

（五）开放性

团体活动是体育教学一种重要的进行方式。人们在体育训练和竞赛中的互动非常频繁，这使得体育教学内容比其他学科的教学内容更具有人际交流上的开放性，更注重人与人之间的交流和集体精神的培养。在体育教学过程中，教师和家长、教师和学生、学生和学生之间建立了紧密和开放的联系，在以团体为单位进行的活动中，团队成员之间的工作划分得更加清楚，这使得体育教育中的角色性超过了其他学科，有利于学生健康人际关系的发展。

（六）空间约定性

在体育教学中，很多活动都是要在规范场合内来进行的，如沙滩排球、篮球、跳远等。正是由于不少活动对于空间的要求，导致体育教学对于场地有较大的依赖性，这使得空间、器材、道具、规范场地成为体育教学中不可或缺的部分。

除此之外，体育教学还存在三个较为明显的特点：第一，素材极多；第二，各项目内在的逻辑性联系并不强，彼此之间基本是平行并列的，如足球、游泳、铅球等，教师在进行教学内容安排时没有办法完全依据困难程度和学生的准备程度来列出先后次序；第三，体育项目与锻炼效果之间存在“一项多能”（指一种运动项目可以起到多种锻炼效果，比如健美操既有观赏性，又可以塑造形体）和“多项一能”（指不同运动都可以达到同一种训练效果，比如俯卧撑和吊环都可以起到锻炼上肢肌肉的作用）的关系。

教师在制订体育教学内容时可以根据上述特点来选择不同的锻炼项目，并应注意新兴起的体育活动类型。

二、高校体育教学内容的选择

（一）高校体育教学内容选择的依据

高校体育教学内容的选择要结合学校真实的教学情况来进行，不能脱离实际。一般来说，高校选择体育教学内容时可参考以下依据。

1. 按照体育课程教学目标进行选择

体育课程内容是一种手段，关联着与之对应的教学目标，而教学目标是教学内容选择的依据，选取教学内容一定要按照教学目标进行选取。总体来说，体育课程教学目标是非常多元化的，也具有非常丰富的代表性。由于体育运动项目呈现多样化的特点，所以高校在体育课程内容选取方面应该更加灵活，不应局限于单一内容。

2. 按照社会发展需要进行选择

高校在选取体育教学内容的时候，要考虑这个内容是否符合社会发展需要。学生作为即将进入社会的主体，会随着社会的发展而发展，因此，高校在选择体育教学内容时，要着重考虑社会因素。学生和社会是息息相关的，学生从校园毕业后要进入社会就业，如果从学校学习的体育课程能在学生就业时或以后生活中发挥重要的作用，这对学生来说也是一种鼓励。只有这样，体育教学内容才能发挥它应有的作用。

3. 按照体育教学素材的特性进行选择

我国一些编订的体育教学素材突出的缺点是内容的逻辑性不强，素材内容之间无法流畅衔接，这在一定程度上影响了体育教学内容的编排。一般情况下，体育教学内容的编排都以运动项目为划分依据。

如前文所述，体育项目与锻炼效果之间存在“一项多能”和“多项一能”的关系。高校应根据体育项目的特点、所锻炼的能力与练习者的乐趣体验等来选择合适的教学素材。

同时，由于我国的体育教学素材多而杂，致使体育教学内容也非常繁杂，这在一定程度上增加了授课教师选择教学素材的难度。体育教师不是全能的，不一定能够做到了解并掌握所有的体育内容，体育课程的设计人员也是如此。体育教学素材的选择应符合当地特点。

4. 按照学生需要及身心发展规律进行选择

教师在教学过程中不能只注重教学的结果，还要注重学生的需求。学生几乎都会选择有兴趣的课程，因为这能让学生全身心地投入进去，并且不会觉得无聊，结果就是学习的效率会大大提升。但在很多高校，尽管学生们选择的是自己感兴趣的体育课程，但实际上他们参与的热情并不高，主要原因是体育课程的内容比较死板、无趣，没有灵活性。这些现象在提醒高校一定要根据学生的需求和身心特点来选择教学内容。

（二）高校体育教学内容选择的原则

高校体育教学内容的选择要多方面考量，一般来说，要遵循以下原则：

1. 科学性原则

选择体育教学内容的首要原则就是要尊重科学，只有尊重科学，体育教学内容选择才能从实际出发，才能促进社会的发展、学生的心理健康及身体素质的提升。

2. 趣味性原则

一个人想做一件事的原因大都是这个人从内心想做这件事，这里“兴趣”起着决定性的作用。参与体育运动项目也是一样的道理。如果学生们爱好这项运动，他们就会积极参与其中，乐此不疲，并且心态是放松的。因此，体育教学内容应看重学生学习的兴趣，选择学生感兴趣的、受欢迎程度比较高的教学内容，这样可以事半功倍。教师在日常的教学过程中也要注重教学的全面性、灵活性，不要对每个学生都像培养专业运动员一样要求，这样容易使学生产生抵触情绪而不再喜欢上体育课。

3. 教育性原则

考量体育教学内容好坏的标准是它是否具备教育性。如果一本体育教材不适合教学，那它基本上也不会对社会产生积极的影响，不能予以选用。

4. 实效性原则

高校在选择体育教学教材的时候要考虑教材的实用性问题，也就是说，使用一本教材产生的影响是非常重要的考虑因素。在此基础上，要考虑教材内容是否新颖、结构是否合适、表达是否流畅、印刷质量是否达标等。高校要尽量选择能让学生终身受益的教材，为学生快乐学体育、健康学体育创造条件。

三、高校体育教学内容的优化策略

（一）建立体育教学内容电子数据库

体育部门可以联合高校建立体育教学内容电子数据库。以学生的年龄特征、身心发展、体育运动发展规律等为依据，将丰富的国内外体育教学内容进行收集、整理、分类、分层，建立同一水平不同体育教学内容之间的横向逻辑联系，不同水平同一体育教学内容之间的递进晋升关系，形成多层次、多内容的教学内容学习网络，并按照技术动作的难易程度分别投递到高校体育教学的各个水平段。

如此一来，一线体育教师可以选择合适的教学内容，避免选择教学内容时的盲目性，减少对必修体育教学内容的重复设计工作。同时，此项举措有助于提高高校体育教学的质量；有助于学生参与乐趣的提高，体质健康水平的提升，个体的全面发展，以及终身体育运动意识的养成。

（二）建立体育与健康成长电子档案

结合目前我国高校学生电子学籍系统，高校可充分发挥网络时代的科学技术资源优势，建立学生“体育与健康成长电子档案”。高校可将学生参与体育与健康的情况具体、真实地记录到档案中，其中包括不同年级、不同学年、不同学期完成体育教学内容的情况，含完成体育教学内容的基本情况、完成的星级情况、完成的达标情况等。档案可用来跟踪学生学习情况，作为学生参加体育学习的过程性评价，并可形成学生不同学习阶段的阶段性评价，有利于高校各水平学段的体育教师了解学生之前学过哪些教学内容、学到了什么程度，并据此确定今后的教学内容的选择方向。

高校学生的体育与健康成长电子档案中的体育教学内容指标，能够及时反馈当时体育教学内容选择的实效性，从而为体育教学内容的改革提供有力实证，促使体育教学内容进入深度改革。档案对学生学习效果进行了量化，而量化体育教学内容效果，有助于提升体育教学质量，便于社会监督高校体育教学的情况，促进高校体育教学的发展，有助于学生打牢基本运动能力的基础，以及学生终身体育意识的形成。

（三）以学生的全面发展为核心内容

高校应完善体育教学内容体系，关注学生生命个体的独特性、鲜活性、不可替代性。体育教学应增加学生生存技能元素，充分尊重学生生命个体独一无二的存在，用更加丰富多彩的教学内容，唤醒学生内在的本体感觉，变“由外而内的接受式学习”为“由内而外的主动学习”。体育教学原是由远古的狩猎行为演变而来的运动，当时的狩猎行为是为了满足人们生存的需要——如果不去狩猎就要忍受饥饿，因此人们狩猎回来都会欢庆。而如今人们丰衣足食，这时的体育教学要回归到“满足学生生命个体内心的需要”上来。

体育教学内容在注重丰富化的同时，还应注重游戏化，打造体育教学模式的良性循环。教师应改变教学内容的单一性、枯燥性，将教学内容趣味化、游戏化，让学生最先在游戏中体验，然后产生学习技能的渴望，之后学习体育运动技能并将学习体育运动技能变成本能的需要。体育教学最需要做的是还原运动的环境。在教学的初期，教育的作用应该是弱化的，主要是为学生提供良好的、安全的、有锻炼价值的游戏环境，让学生在玩中体验本我的需求，当学生跑不过、爬不上去、跳不过去的时候，就产生了学习的需求。“玩中学”的“临界点”就是体育教学的最佳点，就是体育教师教与学生学的阶段。学生提高基本运动能力后，再次游戏，再产生需求，再加以学习，从而形成良性的“需求—教学—实践—再需求—再教学—再实践”的循环模式，即“游戏体验—技能教学—应用实践—再游戏体验—再技能教学—再应用实践”的循环模式。这个循环的周期可以是一节课、一个技能教学单元、一个单元教学、一个学期或一个学年。总之，教师放慢教学速度，改变“为了教而教”的现实，有助于提高体育教学的质量，更重要的是能够唤醒学生生命个体内在的需要，而这是体育教学的本质，体育教学也将因此达到事半功倍的效果。

（四）为高校体育教学内容进行瘦身

体育教学是关乎学生身体健康、生命健康的教育，因此，体育教学内容应循序渐进地进行，随着生命个体的发展有序地、有阶段性地展开。这是一个漫长的教育过程，因而教学内容的系统性、规范性非常重要。在众多的、丰富的教学内容中，高校应排除一些非必要的教学内容，科学、合理地精选体育教学内容，达到既为教学内容瘦身、又将经典的体育教学内容选入教学的效果。就像语文教材中的文章、数学教材中的例题和练习题一样，经典体育教学内容背后含有道理、方法等科学知识。要焕发体育教学的生命力，需要进行体育教学内容的科学瘦身，而不是对体育教学内容的基本罗列、重组、编排。

正确认识“体能”是有效选择体育教学内容的前提。体能是体育教学内容最基本的核心元素，并非体育教学内容的全部，也不是体育教学的全部目的。体能是体育运动的一个最小的“细胞”，重要且不能缺少，就好比语文的“汉字”、数学的“数字”、英语的“字母”、音乐的“音符”一样。体能存在于体育运动的每个组织结构中，是体育教学内容中不可或缺的一个元素，也是贯穿体育教科书的主线。

（五）根据教师能力完善体育教学内容

体育教学内容的选择需要充分分析体育教师队伍的建设情况，但不能被迫地约束于体育教师队伍的教学素质和发展条件。

实际上，只有体育教师遵循体育教学内容研发的规律，并积极地投身于体育教学内容的研发过程中，在体育课程的实施中不断学习，提升综合素质，把体育教学当作自身最重要的责任和使命，并不断地进行改革，这样才可以达到体育课程理想化的标准。

现今社会，优秀的体育教师不只是专业的体育教师，更是体育教学的多面手。随着我国社会主义的发展，就体育教师而言，其学历水平不断提升，更具专业性，但对于学生心理学、教育学方面的理论知识掌握相对薄弱。这不仅限制了体育教师专业化水平在教学中的发挥，而且不利于学生的体育学习与健康成长。因此，体育教师不仅要掌握本专业的知识，而且要了解教育学、心理学、社会学等学科的知识，以更好地为体育教育的专业知识传授来服务。基于此，对于体育教师的继续教育不仅仅要围绕着体育学科的专业知识开展，更应包含多元化的继续教育培训内容。高校特别要加强体育教师的入职培训，因为教师角色的转变、教师教学技能的形成等都需要学习。

对于体育教学内容，教师只有具备强烈的开发观念，才会积极主动地了解课程研发设计人员所要求课程达到的目标，以及设计者设计教学内容所考虑的因素，从而掌握教学课程方案所蕴含的内在条件和要求。同时在教学中，教师只有具有较强的课程研发水平，才可以在课程研发的过程中，按照实际的课程实施情况对课程进行调整和完善，并弥补课程设计本身存在的不足。简单来说，只有教师具备较强的课程研发意识和能力，才可以促进教学的顺利开展，才可以更加主动地从课程编制和研发的立场来组织和执行，同时找到课程内容中不协调的因素并有目的地进行改善。

（六）根据学生情况提供专项课程学习

在专项课程设计中，设计者需要按照社会的需求进行合理的研发和设计，并尽量和社会的发展需要保持一致。在学生选择专项课程的过程中，学校要设置专业的教师对专项课程进行概述，提升学生对专项课程的认识，消除不好的学习动机，另外，针对不同专业学生状况给予详细阐述。同时，学校还要确定合理完善的专项课程选择方式，让教师和学生进行选择，同时审核学生学习专项课程的综合素质，明确学生是否能适应学习专项课程。

第三节　高校体育教学环境的优化

一、体育教学环境的定义

体育教学环境是依据体育教学活动主体身心发展的特殊需要而组织起来的，用以满足学校体育教学活动所必需的多种客观条件。姚蕾教授认为：体育教学环境是指开展体育教学活动所需要的所有条件的综合。从广义层面来说，体育教学环境既包括教师与学生，又囊括了法律法规、家庭条件、社会制度等。从狭义层面来说，体育教学环境是教师与学生的综合。

体育教学环境对教学的重要性不言而喻，它是构成体育教学这个整体的重要部件。从硬环境来说，体育教学环境是一个较开放的空间环境，涉及为完成体育教学任务与体育教学目标所必需的一些物质条件，如体育场馆、体育器材、体育教材等。此外，自然环境对体育教学任务的完成亦有较大的影响，如温度、湿度对体育课室外活动有较大影响。从软环境来说，体育教学环境涉及师资、制度等内容。

二、体育教学环境的构成要素

根据体育教学环境的定义，体育教学环境是多个因素的构成体。因为体育教学的主体是体育教师和学生，而体育教师和学生在体育教学中互为客体，所以体育教师和学生在体育教学环境的范畴之内。且体育教学是体育教师和学生的活动，离开了体育教师和学生，体育教学就不再存在，足见体育教师和学生的重要性。因此，体育教师和学生是体育教学环境中的重要构成要素。

如图 4-1 所示，体育教学环境构成要素包括硬环境和软环境。其中，硬环境主要是指不能通过人为干预的物理环境以及教学过程中所需要的物质基础；软环境是指可以通过人行为的变化进而加以改变的非物质条件。硬环境主要包括体育教学的自然环境以及教学设施；软环境主要包括体育教学的师资队伍、教学制度、人际关系以及信息交流。

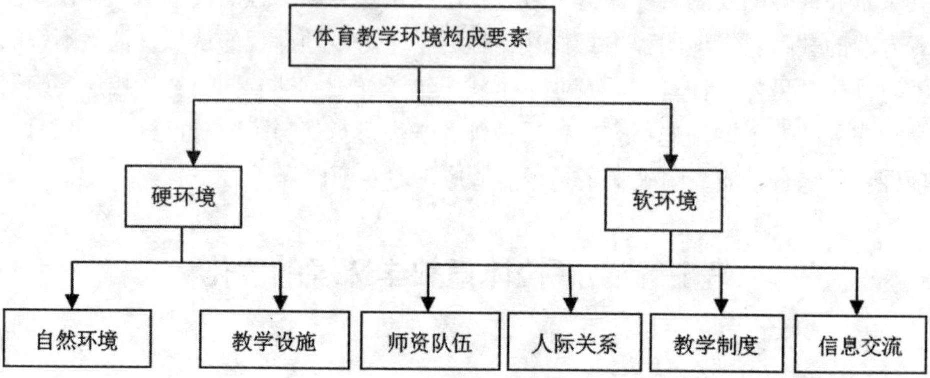

图 4-1　体育教学环境构成要素

（一）自然环境

体育教学主要以身体与专项技能的教学为主。温度、空气湿度等人为因素无法干预的自然环境对教学活动都会产生一定的影响，这些因素会直接或间接地影响体育教学的效果和质量。若体育场馆内的光照时间充足、及时地进行通风换气，易使师生头脑清醒、心情愉悦，那么整体的教学效果就会有显著提升，学生积极性也会大增；反之，则易使师生情绪低沉，进而降低体育课的教学质量，学生学习效果也会大幅度降低。空气湿度对体育课的教学活动同样有着一定的影响。如我国北方大部分地区夏季湿度要比冬季的湿度大，温度较高，室外授课时容易导致学生身体不适，甚至发生中暑，影响正常的上课进度；冬季天气寒冷干燥，学生对运动的敏感度降低，不愿进行高强度的热身和活动，从而容易受伤。

（二）教学设施

在体育教学环境中，教学设施主要涵盖场地、器材、场地的活动空间等诸多要素，同时伴随这些的还有一系列的服务项目，如场馆的采光是否充足，场地周边的生态环境是否优良，场地器材的维护、保养、更新换代等后续服务是否及时，这些条件都会直接或间接地影响学生学习的兴趣和教师授课时的心情，不良设施还会对学生的身体造成伤害，所以，良好的教学设施在日常的体育教学中具有至关重要的作用。场地器材对于正常的教学也是十分重要的，良好的、正式的、专业的场地设施，会给学生一种强烈的积极心理暗示。

（三）师资队伍

体育教学环境离不开教师和学生。良好的师资队伍和教学设施一样，是体育教学环境中不可或缺的重要因素，同样也是教学环境的基础所在。教学经验丰富、课堂掌控能力和应对突发状况能力较强的教师，能够对课堂中所发生的情况包括学生的心理变化了如指掌，并能根据学生的心理变化审时度势地对教学内容进行调整和部署，所以优秀的师资队伍是教学质量最有力的保障。一般情况下，通过对教师教龄、职称、学历、上课时的教学组织情况进行了解就可以看出教师的专业素质。

（四）教学制度

合理的教学制度能够确保人才培养过程中的科学性、有效性，确保人才培养的总体质量，有效地保证教学质量。良好的体育教学环境营造需要多个方面同时进行协调，除了良好的场地器材、优秀的师资队伍之外，规范的教学制度也是教学环境的重要支撑。教学制度主要是针对课程制定的标准、课程的发展方向、教师如何掌控课堂、如何规范学生行为而存在的，主要包含班级规模、教学内容、考核方式等。

（五）人际关系

良好的人际关系在教学活动过程中能够使教师和学生处在一种非常融洽的氛围中，有助于教学质量的保障。教师与学生之间的关系是维持教学活动稳定进行的最基本也是最普通的一种社会关系。良好的师生关系，对于日常教学活动的开展能够起到至关重要的作用。在教师授课过程中，良好的师生关系会使学生更加地尊重教师，积极参与学习，与教师积极互动；同样地，教师也会主动付出，积极授课，从而形成一种良性循环。学生和学生间的人际关系是体育教学过程中最普遍存在的联系。学生与学生之间，团结协作和相互比拼两大形态关系居于多数。在学习过程中，教师要正确引领学生，使合作关系占主导地位，竞争性关系也要加入其中以增强学生的拼搏意识，两者需处理适当。师生关系、生生关系在教学过程中很重要，是人际关系这一方面主要的研究内容。

（六）信息交流

信息交流包括课上与课下师生之间、生生之间的信息互换。在体育教学中，学生对技能动作的了解和练习，基本都是在课堂教学过程中进行的。教学中的信息交流主要包含两个方面：第一方面是指教师对技能动作和知识的传授，包括对学生动作的纠正，这些主要是在教师授课过程中进行的。第二方面则是指师生、生生通过线上交流平台来进行交流。交流是相互学习的过程，线上信息交流平台可利用现有的科技对一些技战术进行复盘，更直观地呈现给师生，从而能够达到更好的教学效果；这些平台同时也是师生、生生进行学术、技战术动作交流以及情感交流的媒介。

三、高校体育教学环境的内容

体育教学环境大多数情况下指的是承载体育教学的自然环境、社会环境及精神环境。体育教学环境对于体育教学活动的开展以及教学效果具有十分重要的作用。高校的体育教学内容、教学空间、教学环境的各不相同，以及学生之间的个体差异，使得体育教学环境呈现出高度的复杂性和不确定性，致使体育教学实践的顺利实施会受到些许阻碍。而高校体育课程的任务除了传授学生专业的学科理论知识和运动技能外，还包括对学生进行理论联系实践的思维与行为指导，促使学生充分理解与运用某项运动技术。高校体育课程的开展绝大部分都是在室外的环境下进行的，这对于教学环境的学科内容创设与氛围营造提出了更大的挑战。

为灵活驾驭动态变化的复杂教学环境，教师需要对未知教学情境先进行假说研究，然后在教学过程中具备问题意识，敏锐地发现问题并全面分析、解决问题。在进行体育课程的设计与安排时，教师要保证能够有符合标准的体育运动场地，这样才能保证体育教学有一个良好的硬件教学环境，才能取得较好的教学效果。

一般来说，高校体育教学环境能够为大学生营造良好的体育文化氛围，对大学生思想品德、价值观念的形成起到潜移默化的积极影响。高校要以学生为核心，以体育教学为契机，在大学校园体育环境建设中弘扬体育精神，建设体育物质环境，完善体育制度，更好地发挥体育教学的育人功能。

（一）高校体育教学文化环境

体育文化环境作为校园体育文化的核心和灵魂，主导着校园体育文化环境育人的方向。要建设优良的校园体育文化环境，就要使大学生树立正确的体育观念，要让大学生将体育当作校园生活的重要组成部分，将体育锻炼看作一种健康的、积极的、科学的生活方式；同时，要培养大学生良好的体育道德和日常体育习惯，强化他们的体育意识，使他们将体育融入日常生活中，从而在思想上树立终身体育观。

此外，高校要充分挖掘体育精神的文化内涵，更深层次地研究体育精神文化，使大学生能够从不同的视角全面深入地了解体育；高校要在大学校园内宣传和弘扬高尚的体育精神，如奥运精神、女排精神等，用良好的高校体育校风和由体育精神文化所营造的良好氛围来激发大学生愉悦地、主动地参与到体育锻炼中去，使大学生在感知体育文化、享受体育乐趣的同时，被体育运动里面蕴藏着的体育精神所感染，从而能够了解体育精神、理解体育精神、贯彻体育精神。

（二）高校体育教学物质环境

体育物质环境作为体育环境的物质基础，是体育文化环境在物质层面最直接的载体，也是体育文化环境中能够被直观表现的部分，这也使得体育物质环境成为体育文化环境发挥育人作用的重要保障。在大学校园内，能被看到、感知到的体育物质环境有体育场馆、体育器材等，它们能够直接表现一所大学的校园文化，高校只有用心去建设和完善，才能创建出具有亲和力的校园体育物质环境。也只有在良好的环境氛围中，广大师生才能够对体育运动产生热情，才会主动地去参加体育锻炼，这样才能提高校园体育活动的参与度。高校要努力丰富校园体育物质环境的内容，增强客观的体育物质环境潜在的教育性优势，通过对校园体育物质环境的建设和强化，在校园中营造出良好的体育教学环境氛围，从而充分发挥高校体育教学环境的育人功能。

（三）高校体育教学制度环境

在高校中，良好的体育物质环境和体育文化环境离不开校园体育制度环境的保障。高校体育制度是高校体育教学的重要组成部分，对于高校体育教学系统而言，是其能够正常运行的重要保障，因此，高校体育制度可以有力保障校园体育教学的建设。校园体育精神文化依赖于体育物质环境的支撑，但是仅仅如此还不足以让体育精神文化和体育物质环境结合到一起，它们之间的结合还需要体育制度的保障，也只有依靠体育制度才能将两者结合起来，充分发挥育人作用，因此，体育制度是连接体育精神文化和体育物质文化的桥梁。体育制度的建设是一项长期的需要探索创造的工作，高校要贯彻落实各项体育规范，将校园内的所有体育工作制度化、规范化、程序化。高校只有做到将校园体育制度系统化，学校师生才能够更好地、有保障地享受到校园内的体育物质环境，更加主动地、积极地弘扬校园体育精神文化，在遵守规则中，享受体育运动的乐趣，提高自我修养。

第四节　高校体育教学过程的优化

一、高校体育教学过程的界定

教学过程是指教师与学生在共同实现教学目标过程中的活动状态变换及其时间流程。人是一种复杂的个体，会受到情感、环境等因素的影响。教师在实际教学的过程中，即使在课前已经依据教学的基本规律做好了精心的备课，但是课堂上会发生什么，依然是难以预料和百分百掌握的。

教学过程中动态、不确定的因素有多种体现：也许一位调皮的学生天真的提问引发了全班同学的笑场，从而打断了教师的教学思路；也许一位学生的独辟蹊径引发师生对教学内容的深层次思考……这种动态、不确定意味着体育教学很可能不会遵循教学计划、照本宣科式地去完成，也就是说，找不出一种教学方法能适应各种环境以及各种情况。

例如，一种运动技能可能有几十种训练方式和教学方式，但并不是每一种都适合拿来进行教学实践，训练方式和教学方式还受制于教学对象的运动技能基础、身体素质、运动天赋等因素。教师在传授运动技能时要因材施教，灵活运用教学方法和训练方法，这样才能完成教学内容，达到教学目的。

简言之，高校体育教学过程是在师生交互、不断探索的进程中共同完成的。这就需要教师根据教学内容、对象和现场情况的变化及时地修改教学计划以及调整课堂组织形式，灵活开展教学活动。

二、高校体育教学过程优化的措施

（一）优化教学环境

体育教学效果的好坏既与教师和学生对教学的态度及状态有关，又与场地、器材、环境等外部条件有关。高校扩招造成有些高校体育场地及器材不足，这是现实存在的问题。尽管如此，高校及体育教师可以通过主观努力来改善教学条件，按照最优化的理论，在现有的条件和实际可能的前提下使学生的发展达到最优。如高校可以通过合理安排授课项目和授课时间，来使学校已有的设备和场地得到最优化利用，从而提高教学效果。

1. 优化高校体育物质环境

（1）优化体育教学时空环境

时空环境受时间与空间因素的约束。在高校内部，时空环境还受到其他多种因素的影响，因此，想要优化体育教学时空环境是较难的事情。高校可以通过对体育教学方式、教学内容、教学时间等因素进行科学合理的规划，来保证体育教学活动的有序进行。

（2）优化体育教学环境的整体设施

该项措施主要包括对体育场地、体育设备等进行优化，即对体育教学活动中的基础设施进行优化。体育教学环境优化的完善程度直接影响体育教学质量。对于目前大多数学校来说，其体育场地不仅可以提供健身项目支持，还可以进行娱乐等其他活动，因此，建立完善的体育教学环境设施，可以更好地为体育活动服务。

（3）优化体育教学场地的地理位置以及自然环境

地理位置不能依靠人力进行改变，这束缚了高校对体育场地的选择。高校只能按照原有地理位置进行环境维护，对地理位置合理地加以开发利用，发挥其价值，根据地理位置及自然环境的变化实行优化策略。

2. 优化高校体育文化环境

（1）优化体育教学模式

传统的体育教学模式较为落后，导致学生对体育产生不了太大的兴趣。教师需要对体育教学模式进行创新，采取知识、趣味与体育活动相结合的方式进行教学，并采用线上、线下相结合的方式，从而实现课内外、校内外相结合的全新教学模式，从而提高学生体育水平。

（2）获得校领导的大力支持

高校体育教学开展的顺利与否与校领导的支持以及决策有重要的关系。要想让高校体育教学环境满足体育活动的要求，需要校领导加大对体育教学的重视程度，充分认识到体育对学生的重要意义。只有校领导的大力支持，才能促进高校体育教学有效发展。

（3）营造良好的体育文化氛围

在体育教学中，教师应把学生作为上课主体，将体育文化和体育精神潜移默化地传授给学生。高校应为学生营造良好的体育文化氛围，促进学生形成正确的体育价值观及体育态度，激发学生学习体育的积极性。

3. 优化体育教学班级体制

在大多数高校的高年级，体育课程是选修课程。按选修课的教学模式，每个专业选修同样课程的学生会聚到一个班级进行学习。在这种模式下，由于学生人数比较多，通常达不到较好的体育教学效果，体育场地、设施以及体育教师也多出现短缺现象，学生在课堂上不能充分地享受体育资源。因此，高校应合理安排班级人数，根据教学内容以及场地的不同对学生进行合理的分班，有效提高体育教学效率，提升学生体育水平。

综上所述，良好的高校体育教学环境会对学生产生积极影响。因此，完善高校体育教学环境至关重要。高校可通过优化体育教学的整体设施、优化教学模式、营造良好的体育文化氛围、优化体育教学班级体制等策略，来提高学生学习体育的积极性，提升体育教学质量，从而促进高校体育教学的有效进展。

（二）优化师资队伍

在实施体育教学的过程中，高校可以运用科学的管理方法来调动教师工作的积极性，发挥教师的教学能力特长，挖掘教师潜力，从而使学校体育教学的教师配备达到优化组合，达到整个教学团队在一定条件下的优化组合。这样可以发挥教师在教学过程中的优势，有利于教师把握教学难点，控制教学质量，遵循教学规律，优选教学方法，调节教学情绪，充分利用教学的时间，从而达到良好的教学效果。

（三）优化教学方法

教学方法优化反对夸大和低估任何一种教学方法的作用，应根据教材教学目的的要求选择合理有效的教学方法。实践中同一种教学方法对不同的教学对象会产生不同的教学效果，这一点是客观存在的，因此选用一种好的教学方法不仅将大大地减轻教师和学生在课堂教学中的负担，还能培养学生的学习兴趣，发展学生的思维创造能力，达到良好的教学效果。

体育教师应在全面了解各种教学方法的基础上，根据有关高校体育教学的原则、教学任务、教学内容、教材的难易程度，教师的个性特点和优势，学生的年龄特点和体育基础水平，以及场地、器材、设备等具体情况，灵活选择和创造各种体育教学方法。

教学方法优化还包括对各种教学组织形式进行合理搭配，最大限度地利用时间和空间。

（四）优化教学大纲和教学内容

高校体育教学的教学任务是：以育人为宗旨，引导学生主动、积极地锻炼身体，帮助学生掌握现代体育科学的基本知识、技能、技术和锻炼身体的方法；有效增强学生体质，促进学生身心和谐发展；帮助学生建立正确的体育意识和观念；提高学生体育文化素养；使学生获得独立从事体育锻炼的基本能力；培养学生终身体育的兴趣和习惯，为学生的全面发展打下良好的基础；努力创造条件提高少数具有竞技运动才能的学生的运动技术水平，为国家培养和输送优秀体育人才。

因此，高校在体育教学大纲的修改和制订上应该综合规划，使上述任务达到最优化组合。大纲的内容应该保证完整性和全面性，同时要有根据地突出最主要和最本质的部分。体育教师应在“健康第一”体育思想的指导下，选择符合现实的体育教学内容，提高学生学习体育知识的兴趣，合理安排教学分量，认真规划体育教学内容中的逻辑顺序、广度、深度以及教学进度。同时，体育教师要选择好教学重点，在同类的练习中优选出最有效的内容让学生进行练习，并注意各类活动内容的合理搭配，使学生各部分身体功能均衡发展。在教学实践中，体育教师还要充分考虑不同学生的差异，注意区别教学。

（五）科学评价和调控教学过程优化方案

按照教学优化的标准，对教学优化的实现结果做出客观的判定，以确定其优化程度，是对教学优化做出的评价。它是教学过程优化的重要环节。

评价者在评价时，不仅要对各个要素进行单项评价，而且应评价各要素的联结情况和整体效果，这样才能不断调整教学系统趋向最佳状态。在教学活动的实施过程中，评价者应灵活选用测验、调查表和观察表等评价工具进行分析和判断，及时查明教学过程中出现的问题和影响教学效果的不利因素，并根据结果采取灵活措施和方法予以校正和调整，以使教学过程达到最大程度的优化。

（六）提升体育教师的教学学术能力

高校体育教师教学学术能力的提升策略研究可以从学校、体育教师及制度等方面来入手。本书从体育教师自身能力层面出发，结合体育教师教学学术能力的构成及发展的趋势，提出以下提升策略。

1. 认识深化策略

（1）重塑体育教师的学术观和教学观

受到一些不太端正的学术观与教学观的影响，部分高校体育教师轻视体育教学而一味地追求科研成果的数量，使教学与科研之间成了一种矛盾关系，而不是相互促进的关系。随着时代的发展，高校体育教学也在不断发展，高校体育教师的这种学术观和教学观需要革新。

高校体育教学学术的提出，对丰富和拓展体育教师的学术观和教学观具有革命性的意义。关注新的学术观和教学观，时刻更新和发展自我理念，是高校体育教师教学学术能力的体现与存在方式。新旧观念的更替，能让高校体育教师实现自我更新，有利于其探索自我教学实践的新范式。重塑学术观与教学观有利于引导和激励高校体育教师改善对体育教学的要求，并对体育教学实践中的各种影响因素与知识传播效果给予关注。

高校体育教师在体育教学实践中展开研究，在研究中改善体育教学，有助于实现高校体育教学质量的持续动态提升，并进一步促进高校体育教师教学学术能力的提高。

（2）为体育教师提供教学学术指引

目前，国内高校的体育教学方式多是以体育教师讲课为主，课堂多枯燥无味，学生被动学习，教师也常有疲劳的感觉。这种以体育教师为主导、学生为主体的教学模式亟待革新。受传统教学模式以及传统学术观念的影响，大多数高校对体育教学研究并未有足够认识，导致一直没有给予体育教学学术以对等的地位。高校应引导体育教师了解什么是体育教学学术，帮助体育教师深刻认识体育教学学术，并指导体育教师适应新的教学理念。体育教师一旦适应且认同体育教学学术理念，便会用实际行动表现出来。高校可通过体育教学学术的氛围营造，引导体育教师基于体育教学学术理论改善体育教学。在进行体育教学时，体育教师可能会因为学校对体育教学学术的限制和学术氛围的不浓厚，而对于体育教学学术的看法有所不同。所以高校为体育教师提供教学学术的指引，可以促使体育教师的教学表现出较强的创造性和学术性，并正确地认识体育教学学术。

（3）营造崇尚体育教学学术的氛围

不少高校体育教师受外在环境的影响，无法专心进行学术创作，这就需要高校为体育教师准备展示的舞台，营造崇尚体育教学学术的氛围，使体育教师能保持愉悦的状态，崇尚体育教学学术并用心提升自我教学能力。高校应为体育教师着想，充分调动体育教师的教学热情和积极性，营造重视体育教学学术的氛围，从外部保障上让体育教师无后顾之忧。体育教学工作的良好成效，教学学术能力的发展，必然离不开体育教师的创新和努力。为了尽可能地推动体育教师积极地研究教学和与他人进行教学交流，高校需采用宽松灵活的管理方法，以赋予体育教师一定的教学自主权，且高校应为体育教师提供更多的学习和培训机会。学校需多鼓励体育教师从不同视野主动思考探究体育教学，并将自己的内心想法与同行交谈。这样不仅可以为体育研究开辟新的境界，有助于大家看清当今体育教育存在的盲区，而且新的视野也必将在体育研究中产生新的话题，形成新的范畴，解决新的问题。教师同时可以对一些知识进行合理整合，用适应学生的方法教给学生。综上，营造崇尚体育教学学术的氛围，有助于达到提升体育教师教学学术能力的目的。

（4）体育教师应重视自身教学学术能力的提升

一个专业基础扎实并且具有丰富的体育教育教学知识的体育教师，如果能认识到发展教学学术能力的重要性，则可使自身对教学有更进一步的认识和理解，有助于体育教学学术研究的开展。如果体育教师具有扎实的体育专业知识，对所教的知识内容很熟悉，则有利于提升体育教学质量。如果体育教师针对教学情况不断研究、反思，则可以提高教学理论水平。以上这些的实现需要体育教师经常与同行进行交流探讨，一方面可以及时发现体育教学中存在的问题，另一方面可以商讨解决的办法。大部分高校体育教师经历过研究生阶段的学习、博士阶段的深造甚至博士后阶段的训练，具备学术研究能力。但是不少人忽略了自己对于体育教学的反思，只是了解了一些表面的内容。体育教师要想对体育教学学术有深入认识，就需要提高自己本身的反思探究能力和基本素养。

因此，体育教师应该将自己的反思探究能力及素养运用到体育教学中去，在体育教学过程中注重反思，提升自身的教学学术能力，促进高校体育教学水平的提升。

2. 知识拓展策略

（1）组建体育教师专业学习共同体

“学习共同体”是指由学习者及其辅助教师、专家等共同构成的学习团体，众人通过资源共享，合作完成某一特定任务并互相成就。高校体育教师专业学习共同体，则是指由体育教师以及专家共同构成的学习团体，众人以互动性学习为主，经过探讨学习，互相进步。在传统体育教学中，教师、学生同时在一个教室中参与教学活动，彼此之间可以很方便地进行面对面的交流，自然而然地形成学习共同体。而当今时代高校体育教学活动是多变的和烦琐的，且随着时代的发展，体育教师面临的环境日益复杂，因此，建设学习社区，提供敞亮、干净、合作的教学学术沟通平台，将在无形中促进高校体育教师之间形成“同成长、共发展”的学习共同体。高校体育教师之间可以尽情分享，互相促进。每位体育教师依托专业学习共同体，可以获得更全面的知识体验。因此，构建体育教师专业学习共同体是对高校体育教师教学学术意愿的激发，是对教学学术素养与潜能的挖掘以及对全身心投入教学实践的激励。

（2）拓宽体育教师教育教学培训内容

据了解，多数高校体育教师教育教学培训的内容较为单一，仅仅是对如何教学以及如何与学生相处等简单内容进行培训，并未对教育教学内容进行深入培训，有的培训甚至只是走走过场，造成部分高校体育教师对教育教学内容了解甚少，未能充分发挥教师作用。高校体育教师需熟悉体育学科的专业知识和相关学科的教学知识，因此，高校体育教师教育教学培训内容应当增加教育教学的相关知识理论，如心理学的一些基本常识，以便体育教师在进入该职位后可以迅速适应身份的转变。

换句话说，在教育教学培训中，体育教师除了要不断学习体育学科的专业知识外，还需要学习与教育教学有关的理论。高校体育教师教学学术必须注重目的性、针对性、系统性，如果教育教学培训缺乏与教学学术有关的课程，高校体育教师有可能会因为能力和理论层次低而处于落后地位。知识在不断更新，高校体育教师要想自身教学学术理念得到不断发展，只有经过不断地更新观念，学习新知识，熟练掌握本专业知识，拓宽学习内容，保持学习的观念，才能得以实现。

（3）丰富体育教师教育教学培训形式

具有渊博的教育教学专业知识对体育教师的自身持续性发展非常关键。高校体育教师“高学历≠高教学水平”的现实也证明，优秀的体育教师应当实现专业发展和教学发展的平衡，即不仅要实现学科专业知识和能力的提升，还要加强教育教学知识的丰富和完善，并达到二者的有效融合。为实现此目标，高校需要增加对体育教师教育教学知识的培训，并丰富培训的形式。如果培训内容和形式过于单一、局限，就容易使体育教师形成固定思维，因此，在培训内容和形式上需要有所变化，增添新颖和有特色的体育教学学术内容，挑选有趣的培训形式，以更好地指导体育教学实践。培训内容立足于满足高校体育教师的多元化需求及符合自身发展的特色条件，形式包括举办高校体育教学研讨会等。之所以如此重视培训内容及培训形式，是因为系统、专业、丰富的培训能够激励高校体育教师自主研究体育教学学术，激发体育教师开展教学实践的积极性和主动性，促进高校体育教师教学学术能力的发展。

（4）关注体育教学学术前沿问题研究

体育教学学术前沿问题是指世界体育教学学术领域目前研究的热点问题和今后的研究方向。高等教育管理者和高校体育教师需要不断关注体育教学学术前沿问题，并对目前存在的教学问题以及今后的研究方向进行深入探究。从现有的研究成果来看，虽然人们对体育教学学术的研究小有成效，但是由于对其内涵、构成和标准等还存在些许争论，因此对这些基本理论问题仍需进行深入探究。

高校体育教师应关注体育教学学术的前沿问题，及时了解相关研究成果。如果体育教师拥有牢固的专业知识以及丰富的教育教学理论知识，则可以极大地推动体育教学学术研究。高校体育教师学科专业知识的积累与发展需要时刻关注体育教学学术的发展动态，这样才能不断更新和丰富自己的学科专业知识。多年以来，一些高校体育教师的课堂内容、教学方法以及教学计划几乎没有变化，更没有与时俱进，导致专业学科知识与能力以及教学学术能力慢慢衰退而体育教学学术得不到更新与丰富，也就没有高水平的体育教学。因此，关注体育教师教学学术前沿问题有利于高校体育教师教学学术能力的发展与提高，并可进一步促进高校体育教师学术素养的提升。

3. 组织支持策略

（1）强化体育教研室的学术职能

体育教研室是按照体育的各个专业或课程设置的教学研究组织。体育教研室的学术职能是完成学校的科研任务、组织学术活动等。体育教研室的成立，提供了体育教师成长的空间。体育教研室是让体育教师将内在的教学需要进行释放并得以共享的舞台。

理论上，高校体育教研室是一种知识群落。知识具有互动性和交流性，高校体育教师这个群体在一个动态交流的环境中更容易获得体育教学研究的灵感，推进体育教学发展。实践中，高校体育教研室是体育管理机构的最底层，虽然高校体育教研室的工作职能主要是研究体育教学，但实际只是“中间人”，负责专门完成学校布置的各项工作任务。因此，它无法完美地处理高校体育教师碰到的各种情况。

高校需要强化体育教研室的学术职能，为高校体育教师提供深入交谈的机会，增强体育教师反思能力，提高体育教师教学学术能力，使体育教师的体育教学观念以及知识技能全面提升。

（2）培育体育教师教学学术共同体

高校体育教师教学学术共同体的培育有利于打破学科、院系之间的壁垒。体育教师教学学术要想获得认可并走向制度化，变成影响高校体育教师发展的专业基础，需要依靠教学学术共同体的建设。

高校应以体育教研室、实验室等为基础，构建体育教师教学学术共同体。进一步来说，体育教研室、实验室实际上只是高校体育教师教学学术共同体的初始形式，高校同时可采用创办高校体育教师教学学术学会或期刊、开展学术研讨会等形式，为高校体育教师提供展现体育教学研究成果、交流体育教学思想的机会，促进体育教学公共性的提升，使体育教学真正成为一种“公共财富”。体育教师教学学术共同体的构建，赋予了体育教学全新的内涵与意义，在体育教学与科研之间架起了一座桥梁，缓解了体育教学与科研的对立与矛盾，能够促进体育教师对教学的反思，提升体育教师教学学术水平。

（3）搭建体育教学学术成果的展示平台

由于当前高校已经建立或正在探索开发网上课程，传统的体育教学方式也发生了一些变化，因此搭建体育教学学术成果的展示平台变得很重要。当前体育教师缺少合适而便捷的途径将教学学术成果分享至更多的同行，希望在教学学术上有所发展的体育教师也较难获得有价值的参考资料。因此，高校应该为体育教师搭建广阔的体育教学学术分享与传播平台，如网上公开课等。

高校通过运用大数据等技术，能够很容易地展示体育教学学术成果，让更多的体育教师分享优异的成果。构建高校体育教师教学成果展示平台，有利于高校体育教师记录自己的成长历程，看到自身的进步，从而增强成功体验，增强投入体育教学的内在动机。

此外，利用高校的出版社、校刊、校网等渠道体育教师也可以交流、分享体育教学学术成果。

（4）开展基于教学学术能力的体育教研活动

体育教研活动是指体育教师就教学过程中碰到的问题和困难向他人进行探讨研究的过程。有效的体育教研活动可以实现有效沟通，使参与者了解和学习学科前沿知识，提高课堂效率。大部分体育教师缺乏的是将理念转化为行为的方法和策略，要想解决此类问题，有必要开展体育教研活动，让高校体育教师通过向有经验的体育教师取经的方式来学习如何教学，清晰准确地界定问题。体育教研活动意味着将体育教学实践和科学研究进行整合，并于其中产生学术性成果，这是一个由体育教师通过系统观察和调查进行的持续、渐进的智力探索过程。

高校体育教师还可以通过撰写教学研究备忘录、定期开展教学总结、形成体育教学学术报告或论文等形式与同行分享、交流，或者与专业体育教学研究者开展合作研究，集思广益，从而提高教学能力和学术能力。

（5）推动体育教师跨学科教学学术交流与合作

跨学科是通过整合自身资源（A 学科）的某一特征，将自身资源（A 学科）与其他表面看起来不相干的资源（B 学科）进行随机搭配。这个名词意味着教育界的又一次改革初露端倪，那就是学科融合。教学学术的跨学科交流与合作可以推进体育教师不断去学习新的知识和技能，在体育教师与其他学科教师交流过程中，新的教学火花会出现在体育教师和其他学科教师之间，这不仅会拓宽体育教师的眼界，而且会提升其他学科教师的综合水平。教学学术只有通过交流与合作才能为人们所用，交流与合作是教学学术发展的必要过程。高校要建立并完善教学学术交流制度，不断鼓励体育教师参加各类教学学术交流活动，鼓励体育教师了解体育教学改革的最新动态和趋势。体育教师在了解本学科新的理念、跨学科新的发展动向的基础上，对所涉及的其他学科知识参与整合、系统集成，最终将知识融入体育学科，这是一个复杂的过程，需要体育教师付出努力才能完成。

因此，跨学科教学学术交流与合作，需要体育教师对跨学科的知识以及素材有着敏锐的感知意识，有着充满情感与理智的领悟能力，如此才能推动学科发展，达到提高高校体育教师教学学术能力的目的。

4. 制度保障策略

（1）建立全面多元的体育教师学术评价制度

对高校体育教师来说，教学是第一任务，但在目前的体育教师学术评价制度中，是以论文发表数量、教学职称等来评定高校体育教师的学术能力的，长此以往，体育教师便会为了其他的目的来进行学术研究，这将会影响体育教学的质量。因此，高校体育教学不仅要评估体育教师的课程研究情况，还要评估体育教师的教学质量。

高校应建立全面多元的体育教师学术评价制度，使体育教学学术成果与科学研究成果具有同样的价值。而且，体育教学学术属于跨学科的研究，从事体育教学学术研究的教师需要具备多样的知识基础与综合能力。因而，可以不对体育教师做出教学与科研的划分，以避免割裂体育教学与科研两者的关系。高校在对体育教师进行评价的时候，应引导不同领域的教师共同学习与合作，发挥体育教师整体的潜能。全面多元的体育教师学术评价制度，将有效推动体育教师教学学术能力的发展，解决教学与科研之间的矛盾。

（2）构建合理的体育教师教学学术能力评价制度

从目前的评价方式来看，大部分高校仍然是重研轻教。今后，高校需扩大学术评价的范围，构建合理的体育教师教学学术能力评价制度，在学术评价的标准和制度中充分肯定教学学术，对学术评价标准进行细化，使高校体育教学学术评价逐步合理。新的评价体系应突出体育教学学术的特点，让大家觉得体育教学学术这一理念值得认可和拥有一定的地位。现实中，体育教学效果有时难以量化，且每个体育教师的教学风格各不相同，科学研究能力和结果也不相同，对于这些情况，单一的教学学术评价标准不能满足体育教师教学学术发展的需要，需要更加精准、多元化。在体育教师教学学术能力评价制度中，不仅要评价体育教师在体育教学中的表现，而且要评价学生的情况；不仅要采纳学生的意见，还要结合体育教育工作者全方位的观察，对体育教师的教学过程进行评价；此外，要尽快将评价情况告知体育教师本人，促使其改进体育教学，提升教学质量。高校体育教学以评价体系为导向，评价制度的保障是重要的教学优化措施。高校体育教师教学学术能力评价制度作为一种新的评价制度，以教学学术观为统领，构建分类、分阶段、多元主体、多种形式的体育教师教学评价体系，以制度的方式保障了体育教学的中心地位。

（3）完善体育教师教学知识和能力的培训制度

教育教学知识是关于教育教学的基础理论知识和方法。高校体育教师应在学习教育教学知识的基础上，将其应用于实践，指导自己的教学活动，达到理论指导实践、实践促进理论的良性循环。高校体育教师要想掌握扎实的教学理论知识，丰富的学科知识，需长期不断地积累和总结，并以开阔的胸襟吸收相关研究成果，从而提升自我的教学学术水平。高校体育教师的职业特性决定了其需要储备深厚的学科知识和具备一定的教学能力，参加此方面内容的培训，可以帮助其走向成熟。

一般而言，体育教师在接受由浅入深的教学知识和能力的培训的同时，也会受到来自其他体育教师的教学风格、教学方式等多方面的熏陶，在潜移默化中积累教学知识。而教学知识和能力是教学学术能力的重要基础——研究工作离不开教学，教学又离不开教学知识和能力作为支撑。

对体育教师的教学知识和能力的培训应在科学教育理论的指导下进行。体育教师需要在培训过程中不断反思与总结，并向其他体育教师学习，在培训中提升自身教学学术能力。

（4）建立体育教师教学学术的激励机制

高校体育教师教学学术激励机制与职称晋升、学术资源分配等密切相关。如果能充分利用好激励制度，那么就可以提升体育教师参与学术活动的积极性，提高体育教师对于教学学术的兴趣，增加体育教师之间的交流探讨。

相关部门及高校在制定激励制度时，应注意以增加高校体育教师教学学术成果为导向，让擅长体育教学的教师在评定职称等项目上有一定的话语权，并怀抱希望，不至于对自己热爱的行业失去兴趣。目前国内有一些教学奖励是针对特别优秀的体育教师的，但仔细查阅就会发现，得奖的几乎没有只注重体育教学的教师，而是一些专家教授。科研与教学的评价标准差异，使得教学评奖力度一直落后于科研评奖，整体地位得不到提升。

综上，建立体育教师教学学术的激励机制，增加体育教师获奖的名额，多投入资金支持体育教学学术等措施，能够使高校体育教学学术发展拥有坚固的外部保障，也将有力地推动高校体育教师在体育教学实践层面上积极展开体育教学研究和交流。

第五章　高校体育自主教学模式

当前，加强大学生自主学习能力的培养，已成为大学教育理论和实践研究的重点课题之一。高校体育自主教学也成为高校体育教学的一种构建模式。本章为高校体育自主教学模式，分为高校体育自主教学的现状、高校体育自主教学模式的构建、高校体育“三自主”教学模式三节。

第一节　高校体育自主教学的现状

一、自主教学概述

（一）自主教学的概念界定

关于体育自主教学，目前学术界并没有统一的定义，学者们从不同的角度和层面对体育自主教学的内涵与外延进行了阐述。体育自主教学，是一种将学生作为参与教学的主体，教学目标、教学模式、教学内容和方法都紧紧围绕学生展开，学生和教师共同构成体育自主教学系统的教学模式。同时，健康、愉悦、放松等积极因素是自主教学的主要源动力。换言之，自主教学是在教师的引导下，学生自己选择学习内容和方法，课后自我监督、自我评价的学习过程。

体育自主教学作为自主教学的一种，是在体育教师的引导下，学生根据自身的实际情况，合理安排体育学习过程的一种教学模式。

（二）自主教学实施中的问题

1. 自主学习与自学的异同

通过查阅中国汉语词典可知，“自主学习”与“自学”的含义是不同的：自学是指在没有接受指导和教育的情况下，自己掌握某种技能；而自主学习则是一种学习方法。同时，二者又有所联系：自主学习是通过激发学生学习动机、提高学生学习效率、培养学生自我监督的方式来让学生学会学习，也就是说，自学是自主学习的最终目的。

高修军认为，二者既有相同点又有不同点。自学是接纳事物的能力，是掌握技能的过程。自主学习是一种学习能力，也是学习的过程。同时，自主学习和自学都是学生主动地参与学习，但是自学没有明确规定需要教师的指导，而自主学习中教师的指导无处不在。柴军应认为，自学是在行动中表现出的素养，自主学习指的是学习活动或学习过程，在使用时要注意区分，不能混淆。王杏姝认为，自主学习是自学的方法，学生的自主学习能力对自学能力的形成起到关键作用。

综上可知，自主学习和自学既有相同点又有不同点。自学不强调教师的指导，主要靠个人自觉学习，而自主学习需要在教师的指导下进行学习。学生的自学能力可以在学校、社会、家庭中进行培养，而自主学习能力的培养主要通过在学校进行培养，二者都要求学生具有一定的独立性。

2. 自主教学中需要教师的适时指导

自主学习并不意味着学生漫无目的学习而脱离教师的掌握。在自主教学中，如果没有教师适时的指导，学生就会没有明确的目标，在学习中就会表现得消极，缺乏学习的动力，从而达不到自主教学的要求。

赵秋利总结提出，当前大学生在实施自主学习的过程中需要教师的及时引导。教师要适时提出学习的目标，同时在练习中确保学生的安全性。教师在教学中要突出学生的主体地位，促进学生主动地思考。刘昕指出，教师的指导对自主学习实施的成功与否起着关键作用。在自主教学中要体现教师引导性，同时不能完全否定学生的主体地位。郑艳琴指出，教师的引导在自主学习方式下的教学中必不可少。教师要关注学生每个阶段的变化，及时引导学生，减少学生的犯错率。徐锦芬、徐丽认为，教师是学生学习过程中的引导者，要对学生在学习过程中的表现进行引导和评估。阿利格拉多等人将自主学习和传统学习中教师的角色进行了比较，认为在传统教学中，教师是课堂的支配者，学生没有自主学习的空间，而在自主学习的环境下，教师采用的是指导辅助的方式去帮助学生掌握所学内容，给了学生自主学习的空间。王艳通过实践证明，学生在自主学习的过程中希望得到教师的引导，教师的鼓励与支持对学生有着积极的影响。夏玉环在研究中指出，教师的正确指导对学生学业成绩是否朝着积极方向发展起着重要作用，教师要对学生学习中的各个方面提供支持。

综上可知，教师的指导在实施自主学习方法下的体育教学中必不可少，教师应通过适时的指导来及时帮助不同学生更好地学习。这就需要教师在课前要做好预案，在教学中要根据实际情况及时调整教学策略，并在课后及时进行总结，从而有效调节教师的教和学生的自主学习二者的关系，促进自主教学目标的实现。

二、高校体育自主教学相关研究

对大部分大学生来说，大学时代刚脱离家长的监督和教师的监管，正是自主学习的有利时机。大学对于许多人来说是学生时代的最后一站，作为当今时代的大学生，只有不断主动学习新知识才能适应瞬息万变的时代。一个人学习自主性的提高对其今后的工作、学习和终身体育意识的形成都有着积极的影响。

部分学者对大学体育教学中学生的自主学习现状进行了调查分析。徐艳萍认为，大学生自主学习总体水平较差，是由于大学生没有自主学习的意识，对知识的接收只是单方面的，影响了大学生自主学习的能力。大学生在学习中安于现状、不思进取。高爽在对苏州大学美韩留学生的调查中发现，两国学生自主学习能力一般，不同国家学生的学习动机不同。张雪莲在对天津 8 所普通高校大学生开展调查后发现，从总体上来看，大学生的体育自主学习水平不高。大学生大多在学习中表现被动，教师要采用多样的教学方式来提高大学生的体育学习兴趣和自主学习能力。赵滂淼在对长春高校体育专业大学生自主学习现状进行调查后发现，体育专业大学生主动学习意识薄弱，不会设置学习目标，没有学习的兴趣。高校要帮大学生建立良好的自主学习环境，让大学生养成自主学习的习惯。

还有部分学者从自主学习与其他能力的关系的角度进行了分析。王先亮发现，学生学习能力的提高与自主学习在教学中的应用有着直接关系。何明霞在大学英语课教学的研究中发现，教师要提高学生的自我监督能力，这样才可以完成学习的目标。龙梅认为，通过学习日志的方式可以帮助学生自我反思，增加师生交流，提供教学反馈。王昭、王楠楠研究发现，大学生的体育自主学习能力和创新思维能力密不可分，大学生体育自主学习能力的提高可以让创新思维能力发展得更好。郭蓉蓉通过实验研究发现，在体育学习的过程中实施自主学习会促进自我效能感的上升，且自我效能感也可以有效预测体育自主学习能力，同时运用自主学习的教学方法可以获得教师和学生的认同。杨小虎、张文鹏通过调查研究发现，大学生的自主学习水平和阅读能力成正相关，大学生自主学习水平越高，他的阅读能力就越好。曾淑芳、吴苏苏研究发现，学生的阅读能力和自主学习策略有着正相关的关系，高分的学生更善于运用自主学习策略。杨世木发现，问题学习干预模式对学生的内部控制和自尊有明显提高，可以提高学生体育学习的自主学习能力。

以上研究从不同视角探究发现当前我国大学生自主学习水平普遍不高，多数学者都明确强调了在教学中实施自主学习的重要性。但是综合来看，关于学生自主学习在器械健身选修课上的应用研究还鲜有涉及，对于在体育选修课教学中如何开展非体育专业大学生的体育自主学习，也缺少有价值的理论依据。

三、高校体育自主教学现状

（一）学生的身体机能和体育学习需求存在明显差异

高校学生在身体机能和体育学习需求乃至学习兴趣方面存在明显的差异。具体来说，学生的身体机能各不相同，对体育学习的需求和兴趣爱好呈现出一定的层次差异。学生更愿意获得一定的自由选择空间，而不是千篇一律、一成不变的“统一性”“规范性”体育教学模式。高校目前的体育教学模式中，除了专业体育生的训练之外，其他所有学生都划归为非专业类，通过普通教学班或体育“兴趣班”进行统一教学模式的体育教学。高校目前的体育教学设置中，学生虽然可以按照自己的兴趣在一定程度上选择体育“兴趣班”，但是可选择范围较小，且体育“兴趣班”还是以普通教学班为基础来划分的，而在各个体育“兴趣班”中，并没有根据学生的个体差异设置不同的教学模式，仍然是按照统一的教学计划和统一的教学模式进行教学。可以说，高校给予了学生兴趣选择权，实现了一定程度上的自主化，但是在实施层面未能深入发展自主教学。

（二）学生自主学习能力处于低位水平

高校目前的体育教学中，学生普遍表现出愿意接受自主教学模式的意愿，但同时学生自身的自主学习能力较低，总体上处于低位水平。具体表现在，学生对于自主学习过程缺乏自主性的控制和自我监督能力，并且在自主学习的过程中渴望得到来自教师和同学的帮助与支持。特别需要指出的是，大部分学生不愿意当面接受帮助或支持，而更愿意选择非公共场合的方式获得帮助或支持。也就是说，大部分学生不愿意在课堂上向教师或其他同学请教，而更愿意在课后非课堂的环境下进行互动学习。

第二节　高校体育自主教学模式的构建

一、高校自主学习模式的构建

（一）自主学习的定义及特点

1. 自主学习的定义

前文介绍了自主教学的概念，并对自主学习和自学的异同进行了分析，这里深入展开介绍自主学习的定义。关于这个问题，国内外的众多学者从不同的角度进行了研究。现在关于自主学习的专业名词有很多，比如自我学习、自我监督学习、自我积极学习、自我引导学习、自律学习等，但是对于自主学习的概念到底是什么，目前并没有统一的观点。

中国的学者们有一个普遍的认识，认为自主学习是和他主学习相对的一种学习方式，是学生自己主导并调节自己的学习。

肖川认为："自主学习建立在自我引导、调节和鼓励的基础上，是一种很重要的学习方式。"换而言之，在自主学习的情况下，学生能够在学习的整个过程中对自己的学习状态有一个明确的把握，能够根据实际情况进行调节，主动去学习各种技巧和方法，并且在学习结束之后能够对学习情况进行总结、评价、反思，总结出好的方法和经验，从而更好地投入下一段学习之中。

庞维国从横向和纵向两个角度定义了自主学习。从横向来看，如果学生能够自主地去调控学习的每个方面，那么他们就是自主学习，比如自我制订学习计划，自我选择学习内容，自我选择学习策略和方法，自我对自己的学习效果做出评价、反思和改进。从纵向来看，如果一个学生在学习过程中，能够提前做好学习的心理准备，确定学习目标、学习内容、学习计划，然后在学习的过程中调控学习进度，选择学习方法和策略，在学习之后进行自我总结、反省、提升，那么我们说这位学生的学习就是自主学习。

综上可知，学生的自主学习要满足四个条件：首先，学生要发自内心地想学习，换而言之，学习动机是内部的。其次，学生要会制订属于自己的目标，然后在学习过程中会调整自己的学习方案和策略。再次，学生在学习过程中，会管理学习的时间和利用学习的资源。最后，每段学习计划结束后，学生都会进行自我评价和反思。因此，如果一个学生不会自己制订学习计划并且在学习的过程中需要依赖教师来制订计划、进行监督，那么我们说这位学生的学习就不是自主学习，而是在被动的情况下进行的他主学习。

美国知名的心理学家齐默尔曼认为，如果一个学生能够对学习动机、方法、环境、结果和时间的选择进行自我控制的话，那么他的学习就是自主学习。美国密歇根大学的宾特里奇教授对自主学习给出了类似的定义：在整个学习过程中，学生先要确定自己的学习目标，然后激发学习动机，改变学习认知，再调节学习行为。自主学习是一个积极构建的学习过程，在学生的整体成就中发挥着重要的作用。

综合上述内容，本书认为，自主学习是学生在教师的指导下（而非依赖）充分发挥主观能动性，主动构建知识，并且进行自我监控的一种学习模式。首先，学生对自身的学习水平和状态有一个明确的把握。其次，学生有针对性、有目的性地制定学习目标和计划。与此同时，学生对学习状态和进度进行自我监控，并根据实际情况调整学习策略。最后，学生在完成学习任务后，自主地对学习效果进行评估、反思以及经验总结。

2. 自主学习的特点

自主学习的特点可以概括为以下四点：相对性、主动性、自主性和策略性。

自主学习具有一定的相对性。因为学习是包含很多方面的，多数学生在有些方面是自主的，在有些方面是非自主的，并不是整个学习过程都是自主的。为了让学生在学习的多个方面都实现自主，教师必须发现并且区分学生在哪些方面是自主的，在哪些方面是非自主的，才好“对症下药”。

主动性意味着学生在学习的过程中能够主动去为了达到自己的学习目标而努力，主动积极地调整自己的学习活动。学生若想实现主动学习，那么需要具有自我意识和学习兴趣。首先，学生可以根据学校和社会的要求参与学习活动，并制订学习计划进行学习。其次，学生可以根据自己已有的知识和认知结构来吸收新知识，并且将新旧知识进行重组。在这个环节，学生的直接经验和间接经验是能够影响其主动性的，因为学生经验和知识的广度和深度是能够影响新学知识的广度和深度的，以此会影响学生的主动性。学生的非智力因素，例如动机、兴趣、需求和努力程度，可以帮助学生选择学习内容和策略，调整学习计划和目标，激发情感和态度，从而主动地参与到学习中去。

学生在自主学习的过程中是拥有自主权的，也就是说，自主学习的一个主要特点是自主性。自主性主要体现在以下方面：首先，学生具有明确的学习目标和主动意识，能够在教师的引导之下，主动地去感知知识并且消化知识，能够将所学知识整合到自己的旧知识结构中，最终构建成新的知识，并且能够将这些知识迁移到下一段学习中去；其次，为了实现之前所定目标，学生会积极地调控并且监督自己的学习过程，主动地去调整以适应实际情况；最后，学生会在学习的过程中选择适合自己的学习方法、策略，以便于更高效地学习知识。

策略性是指学生为了实现学习目标，会对自己学习过程的方方面面进行调控、监督：首先，学生会监测自己内在的状态，比如思维、记忆、情绪、注意力等，让自己的情绪达到最佳状态，也让自己的各种心理活动高度和谐；其次，学生会调整外部学习活动的方方面面，比如学习方法、学习技巧的选择；最后，学生能够根据学习效果等反馈信息，来继续调控自己的学习过程。

（二）高校学生自主学习中存在的问题

1. 高校学生自主学习动力不足

（1）自主学习兴趣不浓

学习需要是个体从事学习活动最根本的动力，其组成成分之一的学习兴趣是其中最活跃的成分。个体只有对知识、学习本身有兴趣，有钻研的好奇心和求知的渴望，才能坚持不懈地学习。调查发现，高校学生自主学习动机整体来看处于中等水平，学习兴趣不高，难以全身心投入学习。被调查者是大学生群体的一部分，他们的在校课程学习时间安排并不紧凑，由自己支配的课余时间较多，但课余时间以休闲娱乐活动为主，较少被他们安排进行与学习有关的活动。他们缺乏学习兴趣，学习时间安排不当，这严重影响到他们的自主学习，也在一定程度上影响到他们今后的发展。

（2）外在动机成为高校学生自主学习的主导因素

动机是促使个体维持某一行为，并将行为引向确定目标的一种驱动力。学习动机是由个体的兴趣和需要引起的，会使个体朝向既定目标不断前进。内在动机是指因个体内在的需要引起的动机，如学习兴趣、求知欲等，是个体获得长远发展的动力来源；外在动机是由关注学习活动会带来的结果而引起的动机，如获得他人的关注与认可、拥有社会地位高的工作等，是短暂的，难以成为持久动力来源。

高校学生多缺少求知的好奇心和兴趣，多希望通过学习寻找到一份满意的工作，期待的是学习活动带来良好的结果，由此可见，外在动机是支撑高校学生自主学习的重要支柱。根据马斯洛的需要层次理论，多数高校学生希望得到的是安全需要和尊重需要，他们学习的目的是在班级获得高名次、在社会上得到体面的工作，是希望通过学习为自己赢得光明的未来，一旦失去这种内在联系性，他们便失去学习的动力，很难投入学习中去。而只有真正对学习本身感兴趣的学生，才能拥有自主学习的不竭动力，实现终身学习，实现自我的可持续性发展。

2. 高校学生自主学习内容缺少规划

（1）缺乏明确的自主学习目标

具备自主学习的意识是学习的前提条件，因为意识会支配行动，缺少意识则行动就失去了支撑。自主学习本质上是学生对自身的学习有明确的规划，并主动选择、监控、调整自己学习的过程，其中，明确的自主学习目标对学生的学习会起到引领作用，能明确学生的学习方向。学习过程需要学生充分发挥主观能动性，自主地对学习过程进行监控，也就是将自己当前的学习状态与预期的学习状态进行比较。学习目标相当于预期状态，学生在明确目标的引领下，不断调整学习过程，就能不断地趋近学习目标，因此，必须重视学习目标的引领作用。目前多数高校学生在学习上较少给自己制定明确的目标，即使制定了学习目标也多是迫于教师的压力，或者是受到周围同伴的影响，学习主动性较低。

（2）自主学习目标笼统且执行不到位

制定学习目标是迈向自主学习的第一步。学习目标的制定需要有科学依据，最近发展区理论指出，理想的目标以个体当前的状态为依据，但同时又不超出个体可能的发展范围内，需要个体经过一番努力才能达到。个体的发展具有差异性，学生在制定学习目标时这一点不容忽视，制定的学习目标在具备针对性的前提下要详细具体，这样才能实现效果最大化。

一些高校学生制定自主学习目标时态度不认真，未能意识到学习目标的引领作用，甚至有的学生仅是出于应付任务的心理，没能结合自身实际情况制定学习目标，制定的学习目标粗略且不贴合自身学习情况，最后导致具体方案不能落实到位，未能很好地发挥学习目标的引领作用，影响自主学习的顺利展开。

（3）自主学习内容缺乏合理的安排

高校学生对于学习内容的规划与选择会对其自主学习产生重要影响，也就是说，学习取得的效果与学习内容的选择有着密不可分的关系。在自主学习中，学生可以结合自身的兴趣和认知程度等来选择适合自己的学习内容。

部分高校学生忽视了课前预习知识的重要性，他们只是听教师在课堂上讲授的知识，教师将知识和技能以什么样的方式呈现，他们就以同样的方式接受，学习效果不理想；也有部分高校学生对所学的知识处于懵懂状态，缺乏求知欲，对自己未能掌握的知识不以为意；还有部分高校学生缺乏对已有经验同新学知识之间的整合能力，不能对知识进行深度加工与构建，他们的自主学习处于相对零散的状态，不利于新旧知识之间的迁移和整合。这些都会影响到自主学习的结果。

3. 高校学生自主学习策略单一

（1）认知策略占主导，缺乏整合运用思维

在高校教学中，除了教师的课堂教学，高校学生的学习大多都是在没有教师与其他同伴的帮助下自己一个人独立进行的。要想完成从“学会”到“会学”的转变，高校学生必须掌握必要的自主学习策略以提高自主学习能力。

学习策略通常分为三种类型：认识策略（学习者在认知加工过程中所采用的策略）、元认知策略（学习者对自己整个学习过程的有效检查、监视及控制的策略）和资源管理策略（辅助学习者管理可用环境和资源的策略）。

多数高校学生在学习策略上以认知策略为主，不会将三种方法整合使用，未能充分利用学习资源，不利于自主学习能力的提高。

（2）时间规划能力不足，难以有效管理自主学习时间

高校学生能否有效利用学习时间直接影响其自主学习的效果。每个人每天的时间都是 24 小时，关键在于如何规划和利用。有些高校学生会给自己规划自主学习时间，但因为一些原因经常不能按时按质按量完成，缺乏对学习时间

的有效管理，这对他们的自主学习会产生不利影响。

4. 高校学生自主学习过程缺乏合理调控

（1）自我监控与调整能力有待提高

高校学生自主学习的效果和质量与他们对学习过程的监控、调整、总结、评价与反思密切相关。学习是一个动态过程，需要学生根据自身情况不断进行调整，这样才能实现自主学习效果最优化。

一些高校学生在学习遇到困难时，如出现身心疲惫、情绪烦躁、学习障碍时，往往缺少主动调控能力，很容易陷在困境中。在调整自我方面，成绩优秀的高校学生在学习过程中的自我监控和调整能力明显好于成绩不理想的学生。对高校来说，要以学生的整体水平为基础，从整体上提高学生的自主学习能力。

（2）自我总结与评价落实不到位

自我总结与评价是学习过程中最后一个环节，也是一个必不可少的环节。当学习持续一段时间后，学生需要将自身现在的学习状态和学习结果与之前预设的学习目标进行比对，分析自己有哪些地方做得好，有哪些地方有待完善，对自己这段时间学习的方方面面进行归纳与整理，对自己的学习进行全面的评价，便于在之后的学习中规避不足，以促进学习效果的提升。

不少高校学生不能客观认识、评价自身，且不能做到及时总结、复习归纳知识，他们只注重当下的课堂表现，忽视了课后总结、反思的重要作用，也就不能做到及时了解自我问题并改进、成长，这种状况需要改变。

（三）课堂自主学习模式实施流程

课堂自主学习模式以学生为主体，但不是完全的“放养式”，教师同时是课堂的引导者、组织者、答疑者、反馈者。课堂自主学习模式实施流程如图 5-1 所示。教师引导实施学习的步骤，学生分组练习指定目标，同时做好监控，之后进行反思与总结，并开始下一段流程。

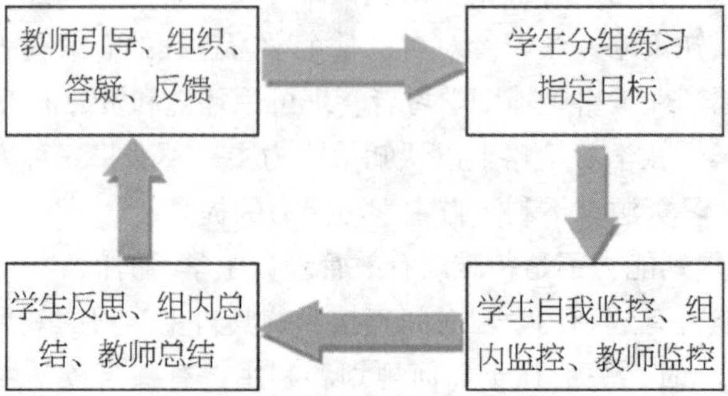

图 5-1　课堂自主学习模式实施流程

传统体育教学的课堂多以教师为中心。一堂课通常这样进行：教师进行动作讲解→教师示范正确动作→学生模仿练习→教师总结每次课的学习结果。在此过程中，教师单向传输，学生被动接受知识，教师只需要准确地讲解技能动作，使学生能准确与清晰地学、练，在考试时可以准确地展现技术动作，学习任务就算完成了。教师通常只进行课上的讲解示范，组织学生自由练习，确保学生使用器械时的安全性，而不会要求学生制定器械健身的练习目标，也较少在课后与学生沟通，不会督促学生进行课下练习。

实施课堂自主学习模式时，教师会事先让学生订立计划，并让学生自由分组。教师会确保学生的安全，也会关心学生的状态。教师会提示学生通过练习发现自己的问题，在课上及时指导学生的学习过程；课后也会多与学生交流，为学生答疑，引导学生总结反思、弥补不足。

（四）高校体育自主学习现状

1. 从性别看体育自主学习现状

体育在大学课程中虽然属于大一大二的必修课程，但是大多数学校的体育课程设置及开展并没有达到必修课的要求。体育课开设的不合理及学生自身的种种原因导致很多学生不愿意主动去学习体育，没有主动去进行体育锻炼的想法。调查显示，从学习过程来看，由于当前手机、电脑等电子设备的普及，学生在生活中或多或少都会主动或被动地接收一些知识，而女生在对各类知识的学习上通常比男生更加主动，所以女生在学习过程上相对于男生略占优势。从学习结果来看，体育课成绩测试多为体质和身体素质测试，女生虽然平时表现多优于男生，但在体能上还是较弱，相对来说男生更占优势。从学习环境来看，体育项目对男生更具有吸引力，不同的身体锻炼项目为男生提供了一个良好的环境。此外，体育教师以男性居多，这造成了男生的师生关系优于女生。

2. 从年级看体育自主学习现状

调查显示，大一学生刚刚结束高中生活，不管在学习上还是在生活上，大都保留着之前的一些学习习惯，在体育学习中还保持着较高的积极性；大二学生经过一年的大学生活，受到周围环境的影响，不少人对体育学习的兴趣渐减，同时体育课还是相同的教学模式，于是对体育课没有了足够的动力去主动学习。

从学习过程来看，大一学生刚刚踏入校门，还不适应大学体育的课程开设方式，大二学生经过一年的学习，已经适应大学生活，对体育课没有了足够的兴趣，二者没有显著性差异。从学习结果来看，大一大二学生在体育学习结果上没有显著性差异。从学习环境来看，学生都渴求良好的师生关系，大一新生对新的学习环境有着新鲜感和陌生感，所以大一学生对学习环境的营造方面要优于大二学生。

3. 体育自主学习能力现状

在体育教学中男生的自主学习能力要优于女生。这可能是由于男生天性好动，喜欢参加体育活动，而女生较喜静，对体育的身体锻炼不是很喜欢所造成的。因此，在体育教学中，教师要多注意观察女生的自主学习情况，适当针对女生的性格特点多开展一些体育活动，同时也要注意区分不同性别的运动负荷的设置，合理安排运动量。

尽管有一些学生会通过与同学交流以及做课下练习等方式进行体育学习，但在实际教学中，学生的学习方式还是主要以听教师讲课为主。按人们正常的经验来说，随着年龄和年级的升高，学生的自主学习能力会更强，自己的独立学习的意识也会更强，但在实际调查中，大一学生对大学新的学习环境的新鲜感使得大一学生的体育自主学习能力要强于大二学生。

综上所述，当前大学生的体育自主学习能力有待提升。以性别来看，女生的体育自主学习能力还有待提高；以年级来看，大二学生的体育自主学习能力还有待提高。

二、科学合理的高校体育自主教学模式的建立

建立科学合理的高校体育自主教学模式是发展高校体育自主学习的基础，为此，体育教学应该改变传统的教师本位思想，将学生作为教学的核心，所有的教学都围绕学生展开。

（一）组织引导系统

组织引导系统是高校体育自主教学模式的首要环节、基础和流程导向，具有重要的基础性作用。组织引导系统的主要作用在于宣传自主教学模式的理念和基本模式，并通过宣传让学生逐步认识、感知并接受这一教学模式。此外，组织引导系统的另一重要作用在于激发学生对自主教学模式的参与热情，通过丰富多样的形式将学生引入体育教学之中，让学生对体育学习产生深入理解、挖掘以及自我探索的渴望。可以这样说，组织引导系统是激发学生参与体育自主学习的首要和关键性环节，这一环节将为高校体育自主教学模式提供强大的源动力。

组织引导系统的核心在于教师的组织和规划。教师应该先对教学目标进行

宏观设置和整体把控，并进一步将目标细化为整体目标和阶段性目标，再根据目标的设置规划相应的课程与教学手段。在组织引导阶段，课堂教学的内容与形式十分重要，教师需要快速抓住学生的注意力和兴趣，并给予学生宽泛的想象空间，这对于后续自主学习系统的推进十分必要。以课堂教学的引入为例，传统的体育教学往往缺乏课堂教学的引入环节，而在组织引导系统中，教师可以尝试以热门话题来展开课堂教学，如精彩的NBA比赛、奥运比赛、街舞片段等。这些内容可以在很大程度上激发学生的兴趣和激情，对比无引入的课堂教学，显然更有利于塑造教学氛围，并能够鼓励学生积极参与其中，在课堂的一开始便会抓住学生的注意力，从而为后续教学带来积极影响。

（二）学习系统

学习系统是自主学习模式的核心组成部分，用以建立并完善学生的学习模式。学习系统主要涉及内容和方式两个层面，它们是学习系统需要明确的两个基本要素。内容指学生需要明确地选择出学习内容。学习内容可以是多样的，但应该充分结合自身的个人身体特质和兴趣爱好，并参考教师的建议来最终确定。形式指学生自主学习的方法。学生可以自己学习，也可以参加小组学习。小组学习是常用的一种学习系统方式，其学习效果也比较突出，高校可以在学习系统中参考这一模式。在小组学习中，教师会根据学生的意愿和自身的教学计划综合划分小组，并对各个小组设立考评机制，在学习完成后，主要根据小组学习情况和最终教学目标的实现程度进行评价。这样，小组之间便可以形成良性竞争的机制，而小组内部各个成员之间可以进行经验分享与学习上的互助，从而可以在内、外两个层面上提升学习系统的效率和教学效果。

除了内容与方式两个基本层面之外，学习系统还需要设置一定的后续配合内容。如在学生选择了自选学习项目之后，则期末的体育检测便可增设考核学生的自选项目并占一定的权重，这样会使得学生在选择的时候十分用心，能够充分结合自身的实际情况，后期学习也会更加努力。此外，教师可以在课堂上组织大家讨论，看学生们喜欢采用什么样的方式来进行学习，讨论之后教师再综合考量大家的意见来实行。总之，学习系统的建立不能脱离以学生为核心。

（三）过程控制系统

过程控制系统属于自主教学模式中的控制性和辅助性环节。控制性和辅助性是自主教学模式区别于传统自学的重要因素。一般来说，过程控制系统主要涉及两个部分，即帮助和监管，高校可以基于这两个模块构建过程控制系统。

帮助模块主要为解决学生自主学习过程中遇到的各种问题。由于体育运动的内容深入社会生活中的多个层面，学生在自主学习的过程中，会不可避免地遇到各种学习和体育运动实践方面的问题，如锻炼方式、运动技巧、各项体育运动的细节动作、比赛规则等，如果没有科学有效的帮助系统，那么学生的疑问将会越积越多，最终严重影响自主教学模式的推进。在帮助模块中，可以设置问题答问集锦，并同时设置师生之间、学生之间和小组之间等多种形式的帮助方式，学生可以自我解决，也可以讨论解决，还可以寻求教师的帮助。通过帮助模块的设置，学生在自主学习过程中的疑问可以得到及时有效解决。

除了帮助模块之外，监管模块也是过程控制系统的重要组成部分。自主学习模式在推进的过程中，教师必须对整个过程进行监管，以保证教学的正常进行和教学目标的实现。换言之，教师必须通过一定的手段，及时有效地掌握学生的学习情况，当出现偏差或者教学环境发生变化时，教师应当及时调整教学计划和自主教学模式。监管模块的方式十分多样，例如，教师可以定期开展座谈会，开展学生小组内部讨论和小组之间的讨论，让学生在讨论中分享学习经验，共同探讨学习问题，而通过这样的讨论，教师可以及时地把握学生的学习动向，以便洞察当中存在的问题，及时进行纠正和调整。

综上可知，过程控制系统是保证自主教学模式按照既定模式发展的有效保证，这一系统的缺乏，将很容易导致自主教学模式变得散乱无序，进而偏离教学目标。

三、高校体育教学中分层教学的开展

（一）分层教学法的特点、优势及教学思路

1. 分层教学法的特点

分层教学法是将学生依照其学习需要、兴趣、水平等划分为几个层次，不同层次之间、同一层次内部相互鼓励、学习和交流，有针对性地激发不同层次学生的学习潜力、提高其学习兴趣，并定期进行重新评估划分。分层教学法最突出的特点是划分层次和针对性教学。分层教学法符合因材施教的教育理念，符合体育教学模式发展的方向，符合心理教学的理论，符合创新教育教学的理论。

2. 分层教学法的优势

分层教学法将学生作为教学的主体，体现了“以人为本”的教学理念。体育教学过程应以学生为主体，通过体育教师对学生加以科学指导，达到全面实施素质教育的基本要求。体育教师应在以学生为核心的基础上，根据不同学生

的不同情况，制定符合学生情况的教学方案和完成目标，真正做到以学生为主体，尊重学生之间运动能力和学习能力的差异，充分调动学生的学习积极性和自觉性，引导学生在体育课程中由被动学习变成主动学习，从而有效提高教学的效果，提高教学的质量。

分层教学法通过分层教学的方式使教学内容符合每个学生的需要，具有全面性教学效果。体育教师在教学中会充分了解每一个学生的基本情况，了解学生的性格、身体素质、学习成绩等，以便于能及时根据每个学生的学习情况有针对性地开展教学和指导。在教学过程中学生的掌握程度和学习能力各不相同，体育教师要根据学生不同的学习程度制定不同的教学方案，以便于促进全体学生的身体素质、心理素质和其他综合能力的有效提升。

在应用分层教学法时，体育教师在对学生进行分层后，在教学过程中需根据学生的学习情况随时调整分层，把学习取得进步的学生及时调整到更高的层次。这会起到激励学生的作用。教师在教学过程中应认真观察每个学生，尽可能多地发现学生的优点和长处，并以宽容的心态面对学生所犯的错误，通过鼓励和激励的方式提高学生的学习积极性和实现学习目标的信心，引导学生渴望达到更好的学习效果，从而更加积极主动地投入学习中去。教师对暂时掌握得较差的学生应该多加鼓励和激励，帮助他们树立信心，逐渐提高技能水平。

3. 分层教学法的教学思路

分层教学法相较于传统体育教学方法，在教学思路上有了更进一步的提升，更能适应不同层次的学生的体育学习情况。

传统体育教学流程如图 5-2 所示。

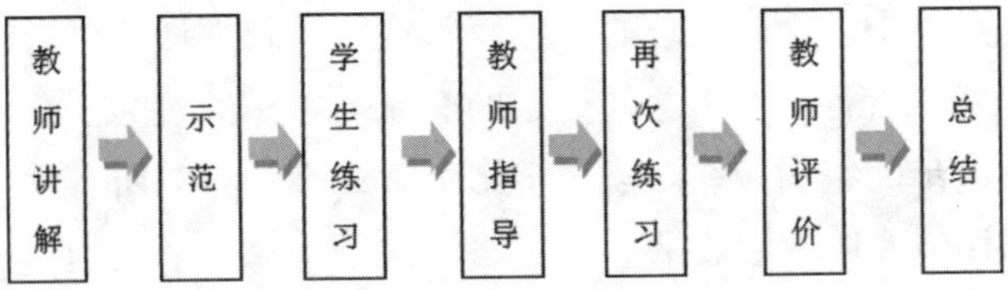

图 5-2　传统体育教学流程

分层教学法的一般教学流程如图 5-3 所示。

在应用分层教学法教学之初，教师要带领所有的学生进行集体学习，在教学中了解每个学生体育运动项目技术和理论的掌握情况以及学生对体育运动的兴趣和态度，然后根据对每个学生的考核成绩评估结果将学生分为优秀、良好和一般三个层次。分层不是为了给学生贴上优劣的标签，而是为了让学生能有更适合自己的教学内容，达到更好的学习效果。

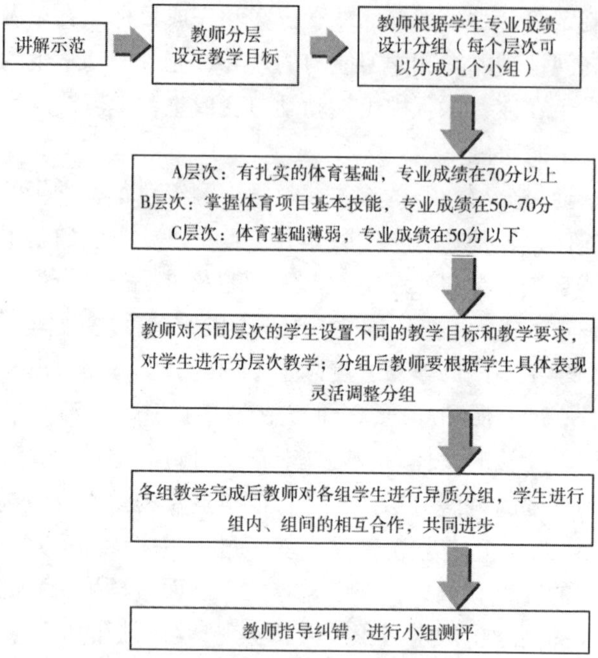

图 5-3　分层教学法的一般教学流程

在对学生具体分层以后，教师对学生进行分层教学法的教学，根据不同层次学生的学习能力和学习需求，制订不同的教学计划，以促进教学目标的完成。在应用分层教学法教学的过程中，教师要不定时对学生的学习情况和心理状态进行测试，适当地调整分组，将达到更高层次要求的学生调整到更高层次的小组中，将跟不上学习进度的学生调整到其他小组中，不断提高学生的学习积极性，同时要注意维护学生的自尊心。在每堂课完成教学任务以后，教师要将各组学生集合起来，给各组学生之间充足的交流与合作的机会，在团体中形成互帮互助、共同进步的氛围。在阶段教学结束后，教师再对所有学生进行统一标准的测试，以评估整体教学效果。

（二）分层教学法教学过程中存在的问题

1. 分层教学的标准和依据不够全面

应用分层教学法教学过程的核心就是把学生分为不同的层次，针对不同层次的学生来教学，这其中分层的科学性和合理性将会直接影响到教学的效果，如果出现不合理的现象，甚至会起到相反的作用。从分层的标准和依据来看，分层教学法在应用于高校体育教学时存在一些问题。首先，分层测试的过程中考虑的因素并不全面，身体素质、体育运动项目技术以及学习兴趣等因素的测试内容中并没有覆盖所有内容。其次，教学的过程中没有统一的标准，测试指标内容并不全面。这说明分层教学法虽然是有效的教学方法，但是应用在体育教学中还需要结合体育项目教学的特征。目前，分层教学法在体育教学中的应用还处于初级阶段，还需要进一步丰富和完善，需要体育教师通过更多的教学实践总结出实践数据并归纳整理成理论，从而制定出全面的分层教学法的标准和依据。

2. 教师工作量增加

传统的体育教学过程中，体育教师都是统一备课、集体教学。体育教师在备课中只需要准备一套教学内容、教学方法、教学目标和要求，以及设置一套教学环境。而运用分层教学法打破了体育教师的这种教学习惯，而且需要体育教师针对不同层次的学生准备不同的教学方案，这使体育教师备课中的工作量成倍增长。同时，在教学的过程中体育教师需要了解每个学生的情况，课堂上不再只是示范和讲解，这使体育教师在上课前的工作量以及课堂上的工作量都大大增加，对精力的消耗较大。因此，分层教学法相比传统的教学法对体育教师提出了更高的要求，不仅大大增加了体育教师的工作量，而且需要体育教师具有更丰富和全面的知识和能力储备，需要在教学过程中以及教学前期付出更多的精力。

3. 合作学习存在问题

在分层教学的过程中，不同层次的学生之间的教学内容是不同的，学生之间的整体学习能力和体育项目水平也有一定的差异。制定符合每个层次学生的教学内容是教学效果提高的基础。不同层次小组之间的交流与协作是快速提高教学效果的主要途径，通过各小组之间的相互帮助和良性竞争，能够更好地提高学生的竞争性和积极性，使学生更积极努力地学习。但是在实际教学过程中，小组交流合作的时间通常较少，而且合作学习的模式较为单一，造成合作效果不佳，影响到分层教学法教学效果的提升。

（三）分层教学与高校体育自主教学模式的契合

分层教学是在班级授课制的基础上，根据学生的基本情况、心理活动、生理状态等方面的差异进行分层，运用个别化教学策略，选择与不同水平学生能力相匹配的教学内容与方法，是一种能够引导学生有效掌握基础知识、提高自我能力的一种教学方法。

分层教学法是近年来兴起的一种教学模式，特别适合大学教育，与高校体育自主教学模式的构建有着良好的契合度。从目前的教学实践效果来看，分层教学是实现和推动自主教育模式发展的强大工具和有效手段。分层教学法的主要特点在于对学生群体的不断更新划分，它充分结合了自主学习的特征与客观要求，更加重视学生的个体差异与个体特征，从根本上颠覆了传统体育教育的模式和教学目标，在灵活开放的大学教学环境中特别适用。

在目前的高校体育教育中，体育教育类别的划分往往比较粗略，仅仅是将专业与非专业类的学生进行分类，而大量的非体育专业学生沿用了一个教育模式，即采用公共体育课程和体育兴趣选修相结合的模式进行教学。这一模式沿用多年，取得了一定的教学效果，但是面对素质教育的不断深入拓展和教学环境的不断变化，逐渐暴露出一定的问题。首先，学生的个体意识不断增强，兴趣爱好各不相同，体育基础和发展锻炼方向各有差异。其次，在非体育专业学生群体中，不乏对体育运动充满激情、渴望得到专业培训的学生。传统的划分模式，对这些问题的处理显然心有余而力不足。

（四）动态分层教学在高校体育教学中的应用

在分层教学中，对学生进行动态分层调整即为动态分层教学。动态分层教学是教师根据学生的个体差异，将学生划分为基础层次、提高层次、特长层次，并为各个层次设置与之对应的教学目标与练习方式，再结合课程中的形成性评价对学生进行层次调整的一种教学模式。动态分层教学可以在一定程度上提高学生在学习过程中的舒适性，帮助学生在一个能够发挥自身潜能的学习范围内获取知识与技能，进而提升学生的个人素质与能力，这与“以人为本，以学生发展为本，积极推进素质教育改革发展”的战略要求相吻合。近年来，动态分层教学已经在健美操、足球、游泳、篮球等项目中进行了相关的应用研究，并取得了良好的效果。

田庆柱通过将动态分层教学应用于高校足球选修课得出结论，动态分层教学模式相较于传统教学模式，在帮助学生掌握足球专项技术时有更好的效果，并且能够提高学生在练习过程中的自觉性，有效加强学生之间的互动，同时可以增进师生感情。

阎钲在文章中指出，动态分层教学在高校教学中的应用，符合我国素质教育中的“以人为本，因材施教”的理念，能够面向全体学生，满足基本教学要求。

刘丹妮将动态分层教学用于高校羽毛球教学实验并分析得出结论：动态分层教学在提高学生的学习效率、改善学生的学习态度和增强学生的运动技能等方面有积极的促进作用。该教学模式符合国家对高校课程改革的发展要求，可以适当推广到其他项目的学习当中。

杨爱华以“动态分层教学法在高校体育院（系）排球普修教学中的实验研究”为题，进行了相关实验：通过对高校体育专业排球普修课的教学目标与教学手段的分析，采用问卷调查的形式开展对高校体育专业排球普修课的教学现状调查，同时对学生的相关运动指标进行测量，并进行了为期12周的教学实验，最后对这种教学方法在学生学习结果、学生体育锻炼态度等方面的影响进行综合分析。研究认为：动态分层教学法能够有效提高学生参与排球运动的兴趣，有利于排球运动在群众中的普及，进而形成终身体育的习惯。

综上所述，动态分层教学模式是以分层教学为基础进行改良而创设的一种教学模式，能够促进学生掌握运动技能，提高青少年身体素质。将动态分层教学模式引入高校体育教学中具有应用价值。

第三节　高校体育“三自主”教学模式

一、高校体育“三自主”教学模式的现状

“三自主”教学模式，通过学生自主选择授课内容、自主选择授课教师、自主选择授课时间，来充分发挥学生的主体作用，充分调动学生学习的积极性。在我国现阶段“三自主”教学模式已经有了一定规模，但是其发展过程中仍然存在许多弊端，并不能完全展现该模式存在的积极意义，发展过程中仍然存在诸多阻力。

在我国许多地区的高校体育教学中，“三自主”教学模式已经开始应用并持续了一段时间，总体来说已经取得了初步的成效，显露出一定的优势。例如，学生可以选择自己感兴趣的体育项目，并通过课程的学习来提高相应的技能，从而达到锻炼身体的目的；学生可以选择自己熟悉和喜爱的授课教师，使得上课积极性更高；学生可以选择合理的时间，有利于学习时间分配以及合理利用课余时间。“三自主”教学模式可以引导学生参与体育课程，同时合理地协调体育活动与学生学习、生活之间的关系。

体育教学大纲指出，在学生参与体育课程教学的同时，要将体育课堂与课外活动结合，学校与社会紧密联系，从而形成一个有机的课内外相结合的体系。这就要求“三自主”体育教学与课外体育训练，以及俱乐部、社团等团体形成紧密的联系，从而实现全方位体育教学。诚然，我国目前在“三自主”教学模式的研究中仍然处于初步探索阶段，如何做到有机结合仍然需要慢慢探索。

在我国，高校大学生普遍对体育不够重视，这就导致了尽管采用了“三自主”教学模式，但是大多数地区的体育教学还是流于形式。学生选择体育课程的主要目的是学分而不是出于对体育项目的热爱。同时，许多地区也出现了师资力量不足的情况，不能很好地完成既定的教学目标，导致许多学生通过选修的体育课程并不能真正学到技能。

二、高校体育“三自主”教学模式实施的影响因素

（一）总体影响因素

高校体育“三自主”教学模式实施的影响因素可以划分为三大类，分别是个人因素、学校因素和环境因素。

1. 个人因素

首先，在学生选课的动机方面，大多数学生选课仅仅是为了修学分以及顺利毕业，并不是出于对体育项目的真正热爱。其次，学生选修体育课程后，较少在课下再进行相关体育项目的练习。因为体育课程的独特性学生需要反复练习，但是又不方便留过多的课下作业，因此，学生要想掌握一项技能或者达到体育项目的健身效果，需要自身更多地发挥主观能动性。最后，在一些体育项目上男女比例失调问题严重。很大一部分女生对于体育项目的热爱程度较低，不愿意参与身体活动量较大的体育项目，且由于男女体能的普遍差异，导致某些项目上的男女比例失调问题。学者郑光年曾谈到，在我国，学生对于体育运动的喜爱程度远远比不上书本，他们在室外的时间远远少于在课桌上的时间。因此，如何培养学生对于体育的兴趣爱好，如何让他们真正地享受到体育的乐趣，从而自觉自愿地参与到体育运动中来，是一个需要解决的问题。

2. 学校因素

在学校对于学生的要求中，体质健康要求已经成为重点要求之一。我国青少年体质状况不理想是一个不争的事实，如何解决这一问题成为社会普遍关心的问题，更是体育教育者的普遍忧虑所在。学生对优秀成绩的追求和对身体健康的追求同时存在，如何协调二者关系，使得身体练习和文化学习不冲突，协调发展，从而使学生成长为德智体美劳全面发展的当代大学生，是摆在我们面前的又一个难题。

3. 环境因素

环境因素对学生选择以及参与体育选项课有着重要的作用。在怎样的环境

及氛围中，学生优先选择怎样的课程，以及选择课程后达到怎样的教学结果，其间有着关联性的影响。从目前来说，我国高校体育教学中的环境和氛围不甚理想，教学场地器材限制颇多，因此课程开展的多样性以及取得的效果也并不是非常理想。因此，选择适宜的运动项目以及合理地开展这些项目是优化高校体育教学效果的重要一环。

（二）影响学生自主选择体育课程内容的因素

"三自主"体育选项课强调和提倡的是给予学生选择任课体育教师、上体育课时间和体育课程内容的自主性。这需要学校开设多种类的体育课程，拥有足够的体育任课教师，上课的时间段安排灵活，这样才能使学生实现"三自主"体育选课。在这种体育教学模式下，学生作为"三自主"体育选项课实施的主体，影响着"三自主"体育选项课的实施效果，从思想认识决定行动行为的角度来看，也就意味着学生对"三自主"体育选项课模式的认识程度和思想意识影响着"三自主"体育选项课的实施效果。

某项调查数据显示，学生在自主选课之前所考虑的因素中，兴趣爱好居于第一位。学生以运动爱好为出发点选课，能最大程度上发挥自身积极性和主动性。在学生选课之前所考虑的因素中，技术是否容易掌握居于第二位。究其原因，是这些学生里面，有一部分学生自身有一定的体育运动基础，他们多考虑选择自己有基础的体育课程内容，这样一来再学习起来就比较容易，不至于像学习新的体育项目一样困难，考试评价时通过率也会高些。当然，还有一部分学生是由于自身的体育运动素质较差，潜力和能力不足，他们担心、害怕体育考试不及格而影响毕业和以后的工作，因此就去选择那些体育运动技术容易掌握且考试评价时比较容易通过的体育课程内容。在学生自主选择体育课之前所考虑的因素中，居于第三位的是以前没有接触过的体育运动项目。这些学生在进行自主体育选课的时候，只是单纯地为了满足自己的好奇心，没有考虑兴趣或者自身基础的问题，盲目选择了自己之前根本没接触过的体育运动项目。在学生进行体育选课之前所考虑的因素中，居于第四位的是友情、伙伴。这些学生选课的时候并不考虑自己的兴趣爱好，只是为了可以和自己关系较好的同学或是寝室的伙伴一起上体育课。居于第五位和第六位的影响因素，分别是学生是否喜爱任课体育教师以及是不是在室内体育馆上课。考虑选择室内体育馆上体育课的这类学生，其实只是怕刮风日晒，不能承受外部不良天气考验而选择在室内上体育课，这无疑反映出这类学生内心怕苦怕累，重享乐而怕吃苦，这些学生这样的不端正态度，将会间接影响到体育课的教学质量和效果。

当然，任何一所高校开设的体育课程都不可能完完全全满足每一个学生的需求，这样的标准是不可能达到的。大学生在进行体育实际选课时，难免会遇见一些体育课程不可以选择的情况。这是因为虽然学校开设了各种各样的体育课程，也包含学生普遍喜爱的体育课程，但是如果某项体育课程的选课人数过多的话，则有可能出现选不上课的情况，或者学生喜爱的体育课程不在自己的选课时间段内的话，那也就不能调和了。于是，在学生实际选课时会出现一部分学生不得不选择不喜爱的体育课程的现象。总体来说，有的学生存在选不到自己喜爱的体育课程的现象，有的学生不存在选不到自己喜爱的体育课程的现象，其原因多是班级人数的限制，由于学生喜爱的课程在单个班级可以容纳的学生人数是有上限的，体育教师不可能不受学生人数限制地上好体育课，同时也因为学生喜爱的课程比较容易扎堆而导致开设的班级数出现不足。

影响学校“三自主”体育选项课实施的因素中也存在学校没有开设相关体育课程的现象，因此学生因为学校没有开设自己喜爱的体育课程故而没有办法选择相关项目。

还有一种情况是硬件原因导致的学生无法选课：学生由于全校网上选课系统或者自己电脑机器出现故障而没有选择到自己喜爱的体育课程。我们都知道系统会有一个可登录人数上限，当学生登录人数快速集中时，学校的系统就容易出现故障问题，当然，学生自己的电脑也可能出现故障，这两种情况下学生都是选不到自己喜爱的体育课程的。其他的影响因素还有性别限制等。

此外，不一致的考试标准也会导致学生放弃喜爱的体育课程。高校体育课对学生的体育学习评价内容包括学生的课堂表现、运动技术水平、体质健康测试和体育基础理论知识考试成绩四部分，虽然这样的评价内容组成能够较好地反映学生的体育学习成果，方便对学生进行体育成绩的最终评定，也能够体现学生的身体素质增长情况和运动技能水平提高程度，但是在实际操作过程中还存在着一些不太合理的问题，如不一致的考试标准。

各个高校开设的体育课程运动项目考试执行标准是不统一的。很大一部分学生放弃喜爱的体育课程是因为体育学习的考试评价标准高，也有一些学生放弃自己喜爱的体育课程是因为体育考试难度大而分数又低，甚至有些学生选择了自己不喜欢的体育课程，但只要是考试难度低且能够获得较高的分数就可以。在成绩论的导向下，不少学生选体育课是为了顺利通过体育课的考试，这也反映出学生在自主选课时避难趋易的现象。学生选课动机严重异化，学生上体育课仅仅是为了顺利完成体育学习任务，通过体育课的考试，获得较高的体育分数，在这样的思想影响下极易引发个别体育教师为了吸引学生选择自己开设的体育课而降低体育课考试标准的恶性现象。另外，体育教师课堂要求严格与否也影响着学生的选择。参与调查的学生反映，当体育教师在体育课上要求严格时，一些学生出于怕苦怕累、趋易避难的想法，就不会去选择课堂要求严格的体育教师的体育课程。当体育教师在体育课上课堂要求不高时，选择这一部分体育教师的课程的学生人数就会增加。这样的情况会严重异化公共体育教学，影响公共体育的教学质量。

根据上述内容可知，不少学生在进行体育课自主选择时的出发点不是自身的兴趣爱好，这样不以个人兴趣为动力的“三自主”体育选项课选择下来的实施结果令人担忧。

（三）影响学生自主选择任课体育教师的因素

1. 体育教师数量不足且对应项目不均衡

体育教师数量的多少影响着高校体育“三自主”教学模式实施的效果，在很大程度上决定着学生自主选择任课体育教师的达成性。当体育教师的数量比较充足时，其对应的体育课程开设的班级数量也就比较多，这样的话，学生可以自主选择任课体育教师的机会也就会比较大；相反，当学校现有体育教师的数量不足时，那么相应的学校所能开设的体育课程的班级数量就会相对减少，造成学生在实际中进行体育课自主选课时，能够自主选择任课体育教师的机会大幅度变小。

体育教师数量的不足极大地影响着高校体育“三自主”教学模式的实施，其中篮球和网球项目的教师较多，而一些时尚的新兴的体育项目的体育教师人数则较少。体育教师对应项目的不均衡必然导致相应的体育课程开设数量失衡。体育教师数量不足且对应项目不均衡，不仅会影响学生选择任课体育教师，而且会影响体育课程的开设，进而影响高校体育“三自主”选项课实施的效果。

2. 学生自主选择任课体育教师的因素分析

在高校体育“三自主”教学模式实施过程中，学生在自主选择任课体育教师这一项时，首先考虑的大多是体育教师的人格魅力（如亲和力）。多数学生认为体育课不同于其他理论课程，这就要求体育教师在指导和纠正学生的动作时给予充分的耐心，事实上学生更希望在愉快活跃的体育课堂氛围中完成体育课程规定的学习任务。体育教师的运动技术水平也是学生考虑的重要因素。如果体育教师的运动技术水平非常高，学生在第一印象影响下就会产生崇拜强者的心理，这时学生自己就会有进行体育学习的内驱力，这样的体育教师在进行体育技术动作示范教学时，往往不需要太多的语言讲解，其高水平的技术动作就会使学生在看到后产生模仿学习的渴望。

（四）影响学生自主选择上体育课时间的因素

高校体育课的安排是放在各院系安排专业课之前的，这是高校公共体育课安排的重要原则，主要是为了避免公共体育课与其他需要学习的专业课程内容在上课时间上产生冲突。也就是说，为了防止上课时间冲突，高校公共体育课的上课时间会先由学校教务处统一安排，在学校公共体育课的课程上课时间固定好了的前提下，各院系再安排自己的专业课，学生则在校方固定的体育课上课时间段范围内自主选择任课体育教师和体育课程内容。由于高校体育要求学生要在大一、大二年级修习完体育课程，体育课不能全天排课，再加上学生要学习其他专业课程，而且要学习的课程以专业课程为主，专业课程数量又很多，因此大学生很难实现选择上体育课时间的完全自主。

（五）学生思想活动对“三自主”体育选项课的影响

1. 学生不了解“三自主”体育选项课模式

学生这一在体育课教学中占主体地位的角色对“三自主”体育选项课的认知程度直接影响着“三自主”体育选项课的实施效果。不少学生在进行公共体育自主选课之前并不了解“三自主”体育选项课的实施目的及原因。个体的思想意识认识程度影响着个体的行为，如果学生从思想意识上就不了解“三自主”体育选项课，那么也就不能明确自己在选课过程中的体育学习目标，这样的情况将导致学生在实际体育课自主选课时出现一些随意、盲目和替人选课等错误的选课行为，从内在影响“三自主”体育选项课的实施效果。

2. 学生不了解运动项目

学生在进行自主选择公共体育课程内容时，大多数学生并不了解体育课程内容的基本情况，因为很多学生在进入大学之前接受的体育课程内容绝大多数都是初高中那些可选择范围较少的传统体育项目。这些学生在进入大学陌生环境之后，突然发现可以供自己选择的体育运动项目种类急剧增加，难以适应新的变化，他们根本不了解这些对自己来说很新鲜的体育运动项目，也不清楚这些体育运动项目对身体锻炼的具体效果以及对身体素质的基本要求，甚至还有的大学生在自主选择体育课内容之前根本就没听说过该项体育运动。那么，如果高校在学生选课之前不对公共体育课程内容进行简单讲解，就容易导致学生在实际体育课自主选课时，出现随意、盲目选课的现象。调查数据显示，在选取的调查对象中，有近千名学生在自主选择体育课之前并没有接受过相关体育运动项目知识和课程要求等基本知识的介绍。那么，由于学生对所开设的体育运动项目的基本情况不了解，对体育课的上课要求也不了解，就容易产生盲目、随意选课的乱象，这直接影响着“三自主”体育选项课的实施效果。

3. 学生避难趋易的心理

“三自主”体育选项课的主体是学生，学生主体在进行自主选择体育课之前的内心思想活动直接影响着学生的自主选课，两者之间有着极大的关联。

如前文所述，很多学生在选课前会考虑体育运动项目是否易学、是否易通过考试，以及是否在户外上课。这些现象既是受到应试的影响，又是因为他们内心害怕困难、缺乏明确的目标与动力。这将会影响到“三自主”体育选项课的实施效果。

三、高校体育“三自主”教学模式对体育教学的影响

“三自主”体育选项课教学的实施从教学思想、内容、方法和评价等多个方面都显示出其独特的优势。“三自主”体育选项课教学强调在整个体育教学过程中多样的组织形式，对学生个性的发展以及学生体育优势的发挥具有重要意义。

袁革在《“三自主”选课与高校体育课程改革的实践研究》一文中指出，“三自主”公共体育教学改变了以往学生被迫接受已经安排好了的体育教学的状况，使学校教育以人为本的教育思想得到充分体现。“三自主”公共体育教学将学生作为体育教学活动的主体，极大地张扬了学生的个性特征。杨玲在《影响三峡大学体育选项课学习效果的因素与对策研究》一文中认为，“三自主”公共体育教学模式提倡以人为本，给学生自主选择体育课的自由，确定学生主体地位。从体育课堂的教学组织形式、内容和方法上，体育教师可采取多样的、灵活的和个性化的教学模式进行有效体育教学，教授通过学生自主选择的体育运动项目，这样不仅有助于活跃整个体育课堂的气氛，而且非常有利于增强学生体质、促进学生身心全面健康发展。张海、庞标琛在《“三班三自主”教学管理模式的实践研究》一文中提出“三班（初、中、高）三自主”的层级教学管理模式，提倡对班级学生进行分类教学，这样一方面有助于更好地向学生进行体育知识、技术、技能的基本教学，另一方面有利于促进学生终身体育意识和习惯的养成，帮助学生的身心两方面都获得全面的健康成长。李莉在《沈阳市普通高校体育教学实施“三自主”改革的现状与对策研究》一文中提出，“三

自主”公共体育选项课的实施体现了学生在体育教学活动中的主体性，因而对体育教师自身的综合素质提出了更高标准的要求，充分展现了学校体育教育与时俱进的发展趋势以及向着科学协调的方向进行改革的特点。另有研究者认为，“三自主”提出学生可以自主选择任课体育教师这一自主要求，这对体育教师在教学的方法、教学的内容和结构设计、教学组织和教学评价等方面的能力都提出了比以往更高的要求，将促使体育教师不断学习新兴的体育项目的知识和运动技能等内容，增强自己方方面面的个人能力，以满足学生日益增长的多样化体育选课的需求，从而实现双方面的成长。

四、高校体育“三自主”教学模式优化途径

（一）培养学生树立正确的体育锻炼意识

在“三自主”体育选项课中，教师除了教授学生基本技术技能以外，还应当帮助学生对体育的功能建立科学的认知，从而使学生以积极健康的动机参与到体育锻炼当中。随着经济日新月异的飞速发展，人们在享受物质的同时，也应当重视精神层面的追求，包括通过体育锻炼增强体质，增强自身社会适应能力，从精神层面充实自我。学生通过体育锻炼可以排解压力，释放紧张情绪，从而更好地投入学习和生活当中。体育教学要帮助学生树立正确的体育锻炼意识，培养学生自主参与体育锻炼的习惯；并且锻炼的强度要根据学生的身体情况适度调整，针对学生的科学锻炼制定运动处方。体育教学还应加强学生的主观能动性，让学生自主参与到体育运动中来，而不是单纯地为了修学分而选择体育选项课。总之，培养学生正确的体育锻炼意识，有利于增强学生的整体素质，同时也能使体育选项课更有效地进行下去。

（二）加强师资力量投入并提高教师整体素质

教师作为体育选项课的重要一环，起到的作用不容忽视。部分高校师资力量不足，这对学生自主选择课程起到一定阻碍作用。学生有些时候并不能选择到自己喜爱的体育项目，而为了学分不得不选择一门并不感兴趣的项目。因此，提高师资力量的投入，是体育选项课发展的重要保障。同时，高校应提高教师的整体素质，减少不负责任的情况出现，为体育选项课的发展提供一个良好的环境。

（三）提升体育选项课的内容深度及趣味性

体育选项课应提高内容深度。教师的教学内容不应停留在教学基本的技术

技能上，还应包括体育运动项目的内涵以及意义、作用等，应使学生在学习体育运动项目的同时感受到运动本身的乐趣，这将对学生的全面发展起到一定的促进作用。同时，体育选项课应改变传统教学模式，加强学生对体育运动项目的深入了解，使学生真正地爱上一个体育运动项目。

教师应尽可能地提升体育选项课课堂的趣味性。教师可采取多种体育教学方式，改变固有的教学模式，使学生真正地参与到体育运动中来，培养学生对体育学习的兴趣及主观能动性。同时，高校可结合当地体育特色开展地区性体育活动，加强对体育运动训练和体育科学研究的支持力度，推进体育课程改革，结合当前互联网技术将传统的体育教学盘活，带给学生以新的吸引力。新鲜有趣的课堂以及灵活的传播方式，一方面可以扩大体育知识的宣传范围，另一方面可以给学生带来科学的健康观念，从而在全校范围内营造出和谐健康的体育学习氛围。

（四）扩开体育课上课时间

现在，在“三自主”体育选项课实施过程中，学生自主选择体育课程内容和任课体育教师基本都能实现，但是，唯有自主选择上体育课时间难以得到有效实施。因此，在学校有限的体育教学资源条件下，学校公共体育部门应与管理整个教学工作的教务处进行详细深入沟通，扩开公共体育上课的时间，用以满足学生公共体育课上课时间的实际需求，从而推进“三自主”体育选项课贯彻实施。

此外，学校可以考虑引进俱乐部的教学管理模式，借鉴俱乐部的灵活时间安排和学生自由选择上课内容的优点来开展体育教学，合理扩开体育课上课时间。

（五）统一体育课程考试评价标准

高校应针对“三自主”体育选项课实施过程中出现的体育学习评价标准不一致的情况进行分析，采取相应措施，统一体育课程考试评价标准，并要求体育教师严格执行规定的体育考试内容的各部分构成比例，严格考评学生在体育学习中的各部分的得分。特别是对于同一项目的体育课程考试，学校应要求标准统一。

（六）加强课外体育活动的组织

高校应加强课后的跟踪教学，使体育教学不仅停留在课堂上，在课下也可以进行，如组织相关的体育活动、体育竞赛，引导学生在学习体育技能的同时更多地参与到实践中去，真正地做到学体育、爱体育。同时，高校应营造良好的体育氛围，使学生在轻松愉快的氛围中学习，帮助学生树立终身体育的意识。

（七）进一步完善选课系统

高校应在原有的体育选课系统基础上，进一步完善体育选课系统中不合理、不充分的地方。例如，加强对于任课教师的介绍与宣传，更为合理化地分配授课时间与场地等。选课过程应使学生真正参与进来并居于主导地位，充分发挥学生主观能动性，从而进一步发挥“三自主”教学模式的优势。

第六章　高校体育合作教学模式

在现代社会，复合型人才需要有竞争意识，更需要有合作精神。高校体育作为学校体育的最后教学阶段，是培养学生形成正确体育观念、团队合作精神、良好社会责任感的重要时期。本章为高校体育合作教学模式，分为合作教学模式在体育教学中的应用、高校体育合作教学模式的构建、高校体育合作教学模式的评价三节。

第一节　合作教学模式在体育教学中的应用

一、合作教学模式的含义、特点与基本要素

（一）合作教学模式的含义

合作教学作为教学策略与教学理论形成于20世纪70年代，但它作为一种教学思想和教学观念有着悠久的历史。

最早记录合作教学思想的论著是我国古代专门论述教育和教学问题的《学记》。这部书强调了学习不是一个人的事，需要在与同学和朋友的交流中增长见识。此外，出自我国经典著作《论语》中的“三人行，必有我师焉”充分说明，与同伴切磋学习，交流思想、学识，必定能从中增长见识。

合作教学在20世纪30年代从学校教育的舞台隐退，后于20世纪70年代前后复苏。复苏后的合作教学理论与实践研究经过广大研究者和实践者的刻苦钻研、不懈努力和相互配合，得到了迅猛的发展。约翰逊兄弟是这个时期进行合作教学研究和推广的先驱。他们于20世纪60年代在明尼苏达大学创立了合作教学中心，训练教师如何采用合作教学法进行教学。他们认为：合作教学法是通过分组的教学模式，让学生在课堂上相互帮助、彼此协作，实现学生间的优势互补，促进学生的共同学习与进步，从而达到课堂学习效果最大化的目的。

另一位合作教学理论的代表人物是知名的教育心理学家斯莱文，他提道：合作教学法通过合作教学分组来激发学生参与的热情，使他们主动参与到学习活动中，并通过小组成绩、个人成绩的评价来发现问题，激发学生的积极性，是一种有效的课堂教学技术。

合作教学法于20世纪90年代作为一种教学方法被引进我国的课堂教学中。合作教学法的到来，在一定程度上改变了国内传统教学课堂枯燥无趣、学生不积极和以教师为中心的状况。李京诚认为："合作教学法是指学生以小组为单位，成员间相互帮助、共同学习教学内容的教学方法。"广州体育学院高级教练林德华在普修课的铅球教学中应用合作探究教学法并采用结构模式图的方式指明："合作探究教学法是以学生为主体，让学生在合作、互动探究运动技能形成的过程中采用的一种生成性学习的方法。"王淑英通过高校体育专业健美操教学中的实验研究得出："合作教学是以群体动力理论为指导，为了达到预期的教学目的，以小组合作的形式形成相对稳定的有序结构，并创设合作情境使学生之间产生互动，以调动学生积极性、提高学生成绩、促进学生身心健康发展、培养学生的合作拼搏精神。"王坦认为："合作教学是以小组活动为基本组织形式，系统利用教学动态因素之间的互动来促进学习，以团体成绩为评价标准，共同达成教学目标的活动。"

从古至今，从东方到西方，合作教学一直都存在于教育领域之中。其实合作本就是一条常态真理。因为从人类社会的形成和发展、文明的建立和传承来看，合作是人类得以生存和发展的"法宝"。因此，教育系统需注重培养学生的合作精神。

合作教学模式是指在具体教学活动过程中，为达到事先制定的某一教学目标，教师与学生之间、学生与学生之间在已有的知识经验基础之上自主进行相互合作，以学习小组为基本学习单位，通过小组之间展开各种积极动态的活动来达到教学预期效果。马兰对合作教学模式有着完整的阐述，提出合作教学模式是一种生活态度和学习策略，认为合作学习方式有利于师生共处和保障学习资源合理的共享与利用，可以使合作小组内的学生寻找到自我归属感、满足感。

综上所述，合作教学法是以异质小组为基本组织形式，组员们以相互讨论、交流思想的方式，共同努力完成同一教学目标并展示最终团队成果，并以团队成果为评价内容，以此激发学生学习兴趣，培养学生团体凝聚力和集体荣誉感，最终达到提升学生学习成绩和合作技能目的的一种教学策略。

（二）合作教学模式的特点

1. 以异质分组实现科学合理

在合作教学过程中，异质分组可以保证班级内小组成员分配的合理性。保证班级内每一个组别之间的差异均衡，使小组成员之间分配理想化是合作教学模式成功的基本条件。

2. 以分工明确实现优势整合

在合作教学过程中，分工明确可以实现把教师设置的教学任务合理地分配到小组内每一个成员，然后通过成员之间高效率的沟通和配合完成教学任务，从而取得理想效果。优势整合正是通过小组成员共同努力，相互之间合作、探讨，积极参与教学活动来实现的。

3. 以角色转变实现共同领导

在合作教学过程中，角色转变可以让每一名成员都参与进来，在小组内扮演不同的角色，有的是合作者，有的是探讨者，有的是领导者。共同领导正是通过角色的转变，让小组内每一个成员增强自身的责任感和主动性，使小组形成一个不可分割的整体。

4. 以公平竞争实现互帮互助

在合作教学过程中，公平竞争可以推动小组之间积极竞赛，让每一名成员知道“合作 + 探究”的重要性。互帮互助正是通过公平竞争来实现的，可以让个人努力和集体努力发挥出最大效果，为共同教学任务的实现提供了可能。

（三）合作教学法的基本要素

合作教学法在实践教学中是一项复杂的教学策略。教师若想要在实际教学中有效地运用合作教学法，就得明白合作教学法的要素。合作教学法的要素，恰恰解释了运用合作教学法需要的条件。

我国学者伍新春、管琳在其著作《合作教学与课堂教学》中提出了合作教学法的五要素，分别是：积极互赖、个人责任、异质分组、社交技能以及小组反思。作者认为，“为了更好地执行合作教学，教师必须在每一堂课中明确地构建这五个要素”，以及“只有把这些要素落到实处，合作教学的教学活动才能够显现它独特的优势，才能成为真正的合作教学”。实践中，如果教师没有真正理解合作教学法各要素的含义，就难以在教学中落实，自然也就无法在班级中有效展开、进行合作教学活动。

1. 积极互赖

积极互赖是指学生知觉到自己与小组其他成员之间是同舟共济、休戚与共的关系。合作教学法中最基本的也是最重要的因素就是在小组成员之间建立积极互赖的关系，通过合作情境的构建，让学生认识到自己和其他成员身处一个团队，让学生为自我负责的同时学会关心其他成员。非合作情境中，学生大都是相互不理睬的或者相互竞争的。

2. 个人责任

个人责任是指每个小组成员要在小组中完成自己应当完成的工作，履行自己对小组的职责。小组想要快速、高效地完成课堂教学的任务，可以将任务细化，分配给各小组成员，在各小组成员完成自己的任务后，再重新将任务合并。这样不仅可以使每个小组成员都意识到自己被需要、需要承担个人义务，而且能确保每个小组成员的能力都得到进步、强化。

3. 异质分组

异质分组是指将不同性别、不同学习成绩、不同专业、不同个人性格、不同知识背景等因素的学生分在同一个小组。从理论和经验上讲，异质的组员一般会对同一个事物持不同的态度和观点，这样才会出现相互间的交流与沟通。观点的汇聚有利于小组完成需要发散思维的任务，有利于组员看到问题的不同方面和对事物形成更全面的认识。

4. 社交技能

人际交往技能就是人们通常说的“社交技能”。社交技能是小组合作是否有效的关键所在。学生在学校课堂上学习合作技能的最终目的是将来可以把该技能运用到以后的工作和生活中。

5. 小组反思

小组反思是在合作教学过程中或结束后，学生或学生和教师一起对小组的合作学习情况进行总结、评价。众所周知，反思自己存在的问题并实施改进，同时保持或强化自己的优点是获得进步的最快方法。因此，小组反思是促进和完善合作教学法的一项举措。

总体来说，合作教学的研究者们对合作教学所需基本要素的认识在不同的时期和不同的国度是有所差异的。这就像异质分组一样，每个成员对同一事物持有不同的观点，但经过综合所有成员的观点后，会呈现出最佳的结论。同样的，一代一代的合作教学研究者在前人研究的基础上不断钻研、完善、综合各方观点，才有了现在的最佳五要素观点。

（四）传统教学法与合作教学法的关系

在运用传统教学法进行体育授课的班级，一些学生的运动技术技能水平也有得到提升；在运用合作教学法进行体育授课的班级，最终的教学效果也存在一定的不足。那么，在体育教学过程中，体育教师该如何选择教学方法呢？尚力沛提出："教学实施的主体不应该完全否定式地去批判传统体育教学，而需要客观和辩证地去认识传统体育教学，去其糟粕取其精华。"他认为，传统体育教学在一定程度上忽略了学生主体存在的意义，过于注重运动技能的传授，学生的积极性和创造性被遮盖。但同时，传统体育教学课堂纪律相对较好，队伍整齐统一，练习密度大，练习次数多，学生运动技术技能可以得到规范和提高。他强调，传统体育教学是老一辈专家学者提炼出来的教学方法，其中的教学理念依然值得借鉴。今天，在被问及会选择什么教学方法进行体育教学和训练时，不少专家依然会选择传统的教学方法，只是在实施时会做一些有针对性的改进。

专家学者们同样对"合作教学法"提出了建议：在实施合作教学时应注意学生合作探讨的时间不应过长，例如，足球课不是理论课，触球次数和练习时间才是提高技术技能水平的关键；下放给学生的权利不应过大，毕竟学生的自我约束能力还不够完善，最终还是需要教师来管理课堂的纪律；学生队伍不应太散，学生在进行小组活动时需要教师的合理介入和指导，如果小组之间间隔太大，则不利于教师观察，巡回指导的时间也会浪费。

综上所述，任何一种教学方法都不是绝对的好方法，就"传统教学法"与"合作教学法"而言，教师应借鉴它们各自的优点，结合教学对象灵活运用，才会收到好的教学效果。

二、合作教学模式中的体育教学目标

教学目标对合作教学模式起到稳定性作用。教师课前对教案进行设计和整理、学生课前进行自主学习和交流、教学过程中教师对学生划分异质小组、教学结束后教师对课程过程进行总结等阶段都要有明确的教学目标，而且教学目标达成与否是验证教学质量的关键。在高校体育教学中运用合作教学模式时需制定教学目标。通常合作教学模式中的体育教学目标涉及以下五种。

①运动参与目标。要想通过合作教学模式提高学生体育运动参与度，需要突出学生在体育教学中的主体地位，培养学生对体育锻炼的兴趣和运动习惯，增强

学生对体育运动的热爱和自觉参与体育锻炼的意识，使学生乐于参与其中。

②运动技能目标。通过合作教学模式的学习提高学生体育运动技术技能，使大部分学生掌握体育运动项目的基本理论和科学锻炼方法，掌握体育运动项目基本的技术动作，为终身体育打下坚实基础。

③情感态度目标。通过合作教学模式的学习培养学生的情感态度，使学生学会主动去了解和探索学科知识，形成积极的学习态度、正确的价值观念，成为有社会责任感和使命感的合格公民。

④身体与心理健康目标。通过合作教学模式的学习提高学生身体与心理健康水平，培养学生的创新创造精神和社会实践能力，不断提升学生坚持锻炼的意志品质，使学生学会调节自身与他人的关系。

⑤社会适应性目标。通过合作教学模式的学习提高学生社会适应性，培养学生的合作探究意识和能力，教会学生主动关心和爱护他人，帮助学生实现个体的全面发展并具备良好的心理素质。

三、体育教学中的合作教学模式研究现状

（一）国内研究现状

陈祥慧在《合作学习教学模式在体育院系网球教学中的应用研究》中指出，合作教学模式可以提高高校网球学生的基本身体素质和技术技能水平，对高校大学生的身体素质、实践能力、合作意识、人际关系等有明显的改善作用，可以积极促进高校大学生对体育活动的兴趣和对体育的参与性。

王佳在《合作学习法在普通高校网球教学中的实验研究》中指出，合作学习是一种具有实用价值和富有创意的教学模式。通过使用合作教学模式可以改变网球课堂氛围，提高学生学习效率，形成气氛融洽的教学课堂，从而有效提高学生的网球技术能力，并为高校学生维系人际交往健康发展与社会适应能力奠定坚实基础。

沈炬杰在《合作学习模式在高校公共体育网球课堂的教学实验研究》中指出，合作学习模式是一种新的教学方式和策略，有广泛的实践基础，虽然在操作性上有相对的难度，但是在教学过程中给教师提供了合理的手段。采用合作学习模式可以有效地提高学生的位移速度，对提升学生网球技能水平，提高学生对网球运动的学习兴趣、关注度和参与度的效果极其显著，并可促进学生情意表现与合作意识的提高。

综合上述内容，合作教学模式在体育教学中可以发挥积极作用。它可以促

进学生德智体美劳全面发展和学生团队凝聚力意识的提高，全面促进高校体育教学质量的进步。

（二）国外研究现状

合作学习理论来源于建构主义理论、内在学习理论、群体动机理论、社会凝聚力理论等。目前国外关于合作教学模式的研究成果主要集中于以下几个方面。

合作学习是由公元一世纪古罗马的昆体良首次提出的，他认为：学生之间是通过相互帮助与借鉴来提高学习成绩的。捷克教育家夸美纽斯也指出：学生的知识获取不仅可以通过教师教学间接获得，也可以通过与其他人相互指导与评价来获得。

罗伯特·斯莱文教授在《教育心理学：理论与实践》一书中指出：合作学习强调淡化教师的主体地位，注重学生之间相互合作，把教学目标的完成方式由学生个体式学习转变为小组合作和组合竞争式学习，更重视对合作小组集体奖励的作用，能促进学生学习动机的发展，可以为学生搭建理论与实践的桥梁。此教育理论得到了国际同行普遍认可。

知名教育学家格里纳斯基在《体育教学中的合作学习》中指出：合作教学模式是完成体育教学效果的有效方法。首先，要让学生了解合作学习的意义和目的，树立团队凝聚力意识，让学生充分认识到合作学习不仅可以实现集体目标，还可以实现个人目标。其次，合作学习需要先明确教学目标，这可以帮助学生明确学习的意义和目的，同时增添学生对所学课程的兴趣。最后，合作学习的过程不仅可以提高学生之间的情感交流，而且有利于学生对知识的消化与掌握。

四、合作教学模式在体育教学中的应用实践

（一）合作教学模式在体育教学中的应用概述

合作教学模式可作为一种教学方法应用在体育教学中。在应用此模式时，首先要确保以学生为主体，从学生实际出发，注重因材施教。教师要把握好体育教学中异质分组的原则、要求、要点，让体育技术技能水平不同的学生之间可以取长补短、共同提高。教师要注重培养学生合作学习的主动性与自觉性，善于抓住课堂探究主线进行教学，激发学生学习兴趣，引导学生积极、主动地投入学习。其次，合作教学对教师的自身综合素质提出了更高要求，因此教师要加强自身学习，提高教学能力。此外，教师还要把握好教学重点与难点的讲解，

具备调节课堂教学气氛的能力，这样才能有效地落实立德树人的根本任务。就具体执行来说，在合作教学环节之前，教师应详细地向学生解释合作教学的目标、内容和策略。在合作教学环节中，教师应多次有意识地引导学生进行合作，巡回观察学生的表现，及时而耐心地为遇到困难的小组或个人提供教学帮助。在合作教学之后，教师应指导小组学会归纳、总结和评价，并与其他教师进行交流探讨，以利于合作教学更有效地开展。

采用合作教学法时，每位学生都有所在的小组，在小组内都有自己的角色和相应的职责。小组内部运行得是否流畅，首先在于组织者，即小组长。小组长要遵从教师安排的任务，并要在第一时间内对整个小组的学习过程进行组织、指挥、协调，因此，小组长的态度和行为在小组中起着至关重要的作用。其次，在学习一些体育项目的技术动作时，初学者容易因为技术的不协调而导致动作变形，此时要避免错误动作定型，纠错人员的角色就显得尤为重要。“人人都为纠错者”，小组成员如果能自觉执行这一行为，就会提升组员在组内的存在感和被需要感，从而对自己的角色感到满意。再次，总结者对组员发表的建议进行记录、总结，并在各组员技能演示之后进行小组评价，从而为小组往后的学习提供具有参考价值的经验。最后，随着课程的不断进行，学生在小组内的角色会出现变化，从而让学生得到多角度的体验。总之，在合作教学中，课堂以小组活动的形式带动各组员的积极主动性，让小组内的每一名成员都做出贡献，以此形成小组内部的群体凝聚力。

合作教学法的特点在于学生是以小组的形式在进行讨论、学习、练习的，这充分体现了学生的主导地位，教师的任务更多是观察、巡视各组的活动，适时提供指导，时刻提醒小组成员要相互交流、合作，并口头奖励按照要求做的小组，从而促进小组成员之间的情感升华和技能提升。而且，小组之间是竞争关系，在每次的技术动作演示或小组活动比赛时，每个小组为了表现更佳，会形成一致对外的态度，从而使群体凝聚力得到提高。

“教学无定法，贵在得法。”任何教学模式都存在缺点，只有在不摒弃传统教学模式的基础之上，对不同教学模式之间进行优势互补，才能让教学模式发挥出最大的作用。

（二）合作教学模式在高校足球体育教学中的应用

1. 足球教学原则

以足球运动为载体的合作教学，需要遵循足球运动的特点以及合作教学的本质，同时还需要考虑学生的身心差异。总体来说，此类合作教学应遵循以下原则。

①趣味性原则。课堂上可进行一些需要合作的足球游戏，比如以小组为单位的足球游戏“清扫战场”“接力抢西瓜”“占领地盘”等。合作性足球游戏需要组员一起讨论制胜策略，以通过小组内的合作战术来战胜对手。这样既能使学生在紧张的学习过程中得到身心的放松，又能锻炼学生的思维能力。

②目的性原则。针对普通高校足球选修课的学生设计的合作教学课堂，其主要目的是提高学生的足球基本技术技能，培养学生学习体育的兴趣和合作技能，并增强学生的身体素质，促进学生体格的健康发展。

③启发性原则。教学不只是将知识传授给学生，还需要教会学生如何思考。高校合作性体育教学不能仅仅教学生如何去踢球，还要启发学生与他人合作、交流的思维，引导学生打开脑洞思考足球运动的本质。

④教育性原则。足球合作教学课堂是以小组为单位来学习足球的课堂，旨在教会学生如何学习足球基本技术技能，增强学生体质，同时让学生获得情感体验。合作教学可以使学生形成合作技能，提高交流能力，学会感恩组员给自己带来的帮助与关注。足球与合作的结合，使学生既可以展示个人的价值，又可以感受集体的力量，并在获得成就感或失落感的同时，感受到团结协作的重要性。

2. 足球教学目标

教学目标是教学活动重要的参照标准，是教学的方向，是检查和评估教学质量的依据。当合理的教学目标与教学活动趋于一致时，教学就易于收到良好的效果。根据足球和合作教学的相关知识，足球合作教学可设置以下教学目标。

①运动参与目标。通过合作性的足球小游戏或比赛，激发学生参与足球运动与足球课堂的兴趣，转变学生在课堂的地位，突出学生的主体性，培养学生的学习兴趣，端正学生的学习态度，强化学生的学习动机。

②身体健康目标。通过足球练习，增强学生身体素质，使学生在力量、速度、耐力、协调、灵敏等素质方面得到一定的提高。同时，提高学生的体育健身意识，帮助学生形成终身体育的思想。

③心理健康目标。在足球课堂上以合作的形式进行学习，培养学生的合作精神和技能，促进学生相互交流的能力，提高学生的自尊和自信，使学生形成健康的心理，体验到合作的乐趣与价值。

④知识与技能目标。通过教师有意识地传授给学生合作知识与技能，使学生形成合作技能，提高语言表达能力、思维交流能力。同时，通过普及足球常识，使学生基本掌握足球基本技术技能，基本掌握简单的足球战术，了解足球竞赛规则与裁判法以及相关足球知识。

⑤社会适应能力目标。足球运动的累与痛，能够促进学生突破自我，培养与他人交流的能力，养成顽强拼搏、团结协作的精神，使学生在踏上社会以后能够适应现代社会对综合型人才的需要。

3. 足球教学内容

①理论知识内容。理论知识包括足球简介、足球竞赛规则与裁判法等。

②技术内容。球性方面包括颠球、扣球、推拉球等。传球技术包括脚内侧传球、脚背内侧传球、正脚背传球等。接球技术包括脚内侧接球（地面球、空中球）、正脚背接球、胸部接球、大腿接球等。运球技术包括脚背内侧运球、正脚背运球等。头球技术包括原地和跳起头球等。

③战术内容。战术内容以小组战术、局部战术和对抗练习为主。小组战术包括撞墙式二过一配合、斜传直插、直传斜插等。局部战术包括下底传中战术、角球战术、定位球战术等。对抗练习包括 1 VS 1、3 VS 3、4 VS 4、5 VS 5 等。

④素质练习内容。为了健全国家学生体质健康监测评价机制，激励学生积极参加身体锻炼，教育部印发了《国家学生体质健康标准》。普通大学生的身体素质测试内容包括：考查耐力素质的 1000 米跑（男生）和 800 米跑（女生）；考查上肢核心力量素质的引体向上（男生）和仰卧起坐（女生）；考查下肢爆发力的立定跳远；考查速度素质的 50 米全速跑；考查心肺功能的肺活量。

⑤教学比赛。教师应尽量每节课留出一定的时间进行教学比赛，以验证学生对本次课所学的内容是否可以运用。建议以五人制足球比赛为主，因五人制比赛对学生的体能要求比较高，所以每次首发五人，留一人在场下做随时替换；几个小组两两对决。

⑥合作技能。在合作体育教学中，教师应有意识地传授并引导学生运用合作技能，帮助学生锻炼以下能力：人际交流能力，小组学习打破了以往“接受式”学习的方式，学生会主动与教师、同学交流探讨，勇于说出自己的想法；承担责任的能力，每个学生都须明确自己在学习活动中的责任，不管是技术练习还是对抗练习，抑或是正式比赛，都应认真履行自己的责任，完成自己的学习任务；彼此支持的能力，小组的成功需要组员们相互支持，单靠一个人的力量是无法赢得游戏或比赛的，同样也无法获得更多、更深奥的足球知识与技能，只有互相帮助才能使所有小组成员都得以成长，小组才能不断强大。

在课程的结束部分，教师应引导学生锻炼总结评价的能力，即引导学生总结本节课所学的知识与技能，评价小组的合作情况，反思是否与预期的相一致、是否有更好的合作学习法等。

4. 足球教学实施

将合作教学模式应用在足球体育教学中时，其教学流程同一般的体育合作教学流程，如图 6-1 所示。

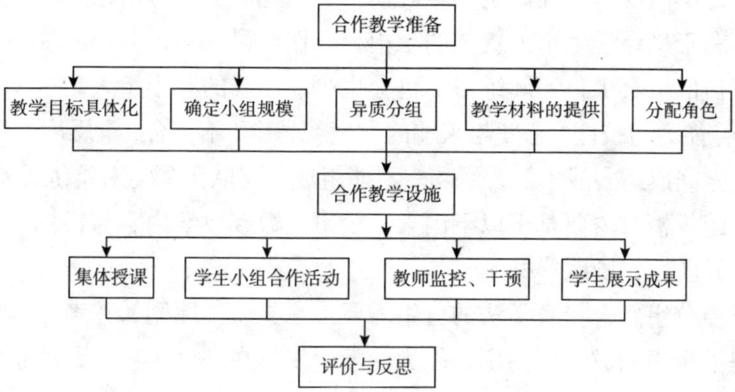

图 6-1　体育合作教学流程

采用合作教学法进行足球教学，教学程序将足球运动与合作教学融为一体。学生以小组合作的形式学习足球技术技能，并在团体活动中培养相互合作的能力。

（1）合作教学准备

①教学目标具体化。运动技能目标。通过学习足球的基本技术如运、传、接、头球等，以及进行耐力、力量、速度、灵敏度等素质的练习，使学生基本掌握相应技术和身体素质的练习方法。

运动参与目标。通过以小组为单位对学习内容进行探讨和练习，使学生学会表达自己的观点和汲取其他组员的建议，体验到需要他人与被他人需要的感觉，对集体形成强烈的归属感，建立集体荣誉感，并以此激发学生学习足球运动的兴趣，培养学生积极参与体育运动的习惯，帮助学生逐步建立终身体育观念。

身体健康目标。学生可以通过与其他组员共同学习、相互探讨、相互监督指正，获得体育运动的知识与方法。

心理健康目标。通过以小组的形式学习足球运动，学生可以学会坦诚交换思想，感受到自我的价值与被需要，感受到集体的力量，以此建立自信心，养成完整的健康人格。

社会技能目标。通过合作教学法与足球运动的结合，学生可以在平常的练习和比赛中形成团队意识、合作探究能力以及敢于挑战困难和善于思考的能力，有利于学生在毕业后较好地融入职场环境，适应现代社会对综合型人才的需要，从而成为一名充满正能量的优秀公民。

②确定小组规模。在确定小组规模时，首先需要考虑小组成员的人数。人数过多不利于确保学生个人责任的承担，合作探讨的结果会难于统一，组员之间相互交流的机会少，实际练习的机会也少。相反的，小组人数过少，不同的认知风格、能力与技能、态度与兴趣的学生就越少，不符合“集思广益”的思想，也无法正常完成诸多战术配合练习，不能组成一支队伍参与对抗练习赛。因此，在确定小组规模时需要基于以下因素：全班人数、教学内容与目标、合作教学的时间、异质性、场地器材等。

③异质分组。合作教学法的分组需要秉承异质性原则，在考虑学生多种因素的前提下将不同成绩、性别、能力的学生安排在一个小组内，使小组内各个成员的成绩、性别、能力尽量不同，而各小组的整体情况大致相同，实现组内异质、组间同质。

成绩。体育教学课堂通常都有明确的学习任务，按成绩对学生进行异质分组，可以实现成绩好的组员帮助成绩差的组员理解学习内容。成绩好的组员在辅导成绩差的组员时，需要自己先将学习内容理解后，再以同伴能理解的方式，用自己的语言重新表达这些内容，如此便可实现全组共同进步。

性别。男、女生通常在能力、技能水平、性格、认知风格等方面存在着差异。普遍来说，男生在操作能力上强于女生，女生在细致方面胜过男生。

能力。合作教学是一种强调学生能力多元化发展的教学方式。在能力混合分组的小组合作中，一方面，学生的不同能力将对小组任务完成起到不同的推动作用，另一方面，几乎所有学生都将在小组所强调的各项能力上取得提高。

④教学材料的提供。充分利用教学材料是完善合作教学课堂的一个方面。足球课堂所需要的教学材料中，足球是最重要的。在小组内足球的数量能左右组员间的合作行为。数量太少，组员接触球的次数少，不符合足球教学要求；数量太多，团队会变得涣散，组员间缺少碰面的机会。因此，在教案设计中必须精心地设计教学材料的提供内容、方式及数量。

⑤分配角色。小组长。小组长的主要任务是负责清点小组人数、管理组内纪律、组织组员进行小组合作活动、敦促监督组员积极参与课堂，相当于小老师的角色。该岗位每次课仅需一人担任，可在一个教学单元后按顺序轮换。

纠错人员。所有组员均应担任这一角色。教师可要求每位组员交替担任纠错者，互相帮助改正错误。教师应嘱咐小组长做好记录，对未参与纠错的组员上报。

评价人员。评价人员需在每次课结束之前进行组内整体练习情况的归纳总结，向教师及同学讲解合作教学成果，指出优缺点并记录。该角色由教师在成果展示时随机指定。

（2）合作教学实施

①集体授课。在进行合作教学之前，教师需要向学生集体讲授教学目标、内容及注意事项。足球是以脚支配球为主的一项运动，简单粗糙地示范和讲解技术动作与战术配合是很难让学生接受的。教师应当生动形象地示范技术动作、讲解动作要领，简单明确地示范传球时机、跑位接应等，使学生对动作有一定的感性认识。这部分教学活动应做到慢而细，要给出足够的时间让学生思考并提出问题，教师应当详细、耐心地回答提问，最大限度地让学生理解教学内容，从而为后面的小组学习打下坚实的基础。

②学生小组合作活动。学生小组内的合作活动是整个合作教学的重点。学生小组合作活动由准备部分、基本部分和结束部分组成。

准备部分。该部分的主要目的是激发学生的学习兴趣，调整学生身体机能，为基本部分的教学做准备以及逐渐进入合作氛围。准备部分在轻松、有趣、多人的环境下进行较为适宜，内容包括有球和无球两种形式。有球活动是结合球、无对抗、有目的、有趣、以小组为单位进行、强调合作的游戏或比赛。无球活动主要是针对力量、速度、耐力等身体素质进行的训练，同样是无对抗、有目的、有趣、以小组为单位进行、强调合作的游戏或比赛。

基本部分。该部分是一堂课的主体部分，足球合作教学基本在这里体现。基本部分教学的主要目的是应用合作学习和训练的方式，使学生习得合作技巧、提升学习兴趣、发展交流探讨的能力、提高足球基本功和增强团体归属感。这部分由技术准备阶段、技能转换阶段和比赛运用阶段组成。

结束部分。在临近课堂尾声时，教师需组织每个小组进行一个简短的讨论，内容可讨论本节课学习的内容、所学到的合作技巧、运用到小组合作的环节、组员参与小组活动的积极性，以及对本组本节课的表现的总体评价等。教师可随机抽取一名组员进行阐述。之后，教师可以安排以小组为单位进行放松拉伸，如多人相互压肩、两人拉手压腿、甩腿甩手等，并再次强调合作的重要性和作用。

③教师监控、干预。在学生开始进行小组合作活动的那一刻起，教师的监控、干预也随即开始了。

在准备部分阶段，内容由有球或无球的合作性小游戏组成，两者的共同目的都是引导学生逐步进入合作学习模式，同时调整学生身体、心理的状态。当教师宣布准备开始游戏后，通常每个组的学生都会积极就位，如果有些学生呈现懒散状态，则教师可运用言语或肢体语言如拍掌激起学生的积极性，并且提醒小组长履行自己的责任，带动本组成员积极准备。在游戏进行中，教师要在各个小组间不断巡视，若出现有趣的场景，则以励志、幽默的语言对个体或小组做简短的积极评价，以此活跃气氛。若个体或小组在完成游戏任务时出现困难，则教师可以告知学生：赢得游戏的秘诀是小组成员相互沟通、协作和支持。在游戏结束后，教师可用问答的方式强调小组合作的重要性。

基本部分阶段是整节课最重要的一个环节，教师在这个环节的合理介入和指导起到的作用最大。教师在向学生集体授课之后，应观察各小组成员是否聚集在一起；当学生开始讨论时，应观察学生是否在讨论学习任务、小组成员是否踊跃发言，如有组织涣散、讨论跑题、组员各干各的等情况，要督促学生关注小组的活动、关注学习任务；在学生进行技术技能练习时，应为有困难的个体或小组提供及时的帮助，如果仅是个别成员的问题，则进行个别辅导或提醒其他成员对其提供帮助，如果是个别小组存在的问题，则以启发式的方式引导小组成员自行解决或提醒其他小组提供帮助，如果是多个小组同时存在的问题，则停止小组活动，再次向全班学生进行详细讲解、示范以及解答问题;在比赛中，如果发现有学生在场上我行我素、独断独行，比如运球强硬突破，无视同伴的绝佳位置和呼应而导致失球，则应立即停止比赛，对该学生进行教导，引导学生认识到足球比赛不可能靠一个人赢下对方多个人，只有合理地依靠同伴才能赢得胜利；如果场上队员只是偶尔出现无视同伴站位和整队的阵型，则应提醒其场下的队友进行记录，让队友在比赛结束后向其转告，以此锻炼学生阅读比赛的能力和增加小组间的交流。

结束部分同样需要教师的介入和指导。教师应引导学生对本节课的内容进行讨论与总结，虽然高校学生都有一定的总结概括能力，但对于新学内容大都有知识盲点，教师应边提问边暗示，帮助学生理清本节课的学习内容、练习重点和注意事项。

④学生展示成果。小组合作活动结束后，每个小组都需要将本次课合作教学的成果展示给教师和其他小组。展示的内容包括：足球基本技术、身体动作要领，以及本次课练习方法的方案设计。

（3）评价与反思

评价与反思的内容包括小组合作情况和学习任务的完成情况两部分。评价主体包括三部分，分别是本小组的组员（自我评价）、其他小组的组员（他人评价）和教师（教师评价）。学生在进行自我评价时，需要简单描述小组合作的大体情况并给予评价，反思合作时哪些地方可以继续保持、哪些地方需要改进，以及学习任务完成情况是否达到小组的期望和教师的标准。其他小组组员在评价某位学生展示的学习成果时，应对做得好的地方给予肯定，对做得不好的地方提出质疑。教师在评估时要注意具体化，即要说清楚自己看到的学生行为具体是怎样的。应注意的是，评价针对的是具体行为而不是个人。

第二节　高校体育合作教学模式的构建

一、合作教学模式的构建原则

教学原则在教学过程中是普遍意义的存在，是对整个教学过程客观规律的反映，是完成体育教学目标必须要遵循的基本条件，会直接影响学生的学习效果。在高校体育教学中教师和学生应遵循以下体育教学原则，这将有利于完成体育教学目标和体育教学任务。

（一）启发性原则

在教学过程中，教师要始终承认学生是学习活动的主体，要积极引导和调动学生独立思考与探究科学知识，教会学生自主分析问题和学习科学知识，帮助学生树立求真意识和人文情怀。合作教学模式的基本要求就是要发扬教学民主，强调教师的启发性作用，建立和谐民主的生生关系和师生关系，并在创设问题情境的基础之上，鼓励学生敢于质疑、发表自己的独立见解。合作教学模式引导学生以小组合作的形式主动学习，注重学生的理解、领悟与融会贯通，让学生能动地获得新知，能够激发学生学习的主动性，发散学生的思维，提高教学效率。

（二）巩固性原则

为使学生有效掌握知识，教师要在教学过程中有效地督促学生对所学知识和运动技能反复练习、巩固。在平时的教学中，教师要经常对学生基本技能进行考核，通过考核取得的进步使学生增强学习的信心，从而更好地提升学生对学习的兴趣和动机。合作教学模式的教学目标就是让每一位学生的体育基本技能得到提高。教师在教学中要引导学生在理解基本知识、运动技能的基础上，通过小组之间自主的合作、共同探究问题，以及逐步的纠正、练习、巩固及完善，将基本知识和运动技能牢固地保持在记忆中，达到熟能生巧的程度，并建立正确的运动技术模型，以便在需要的时候能迅速、及时与准确地再现出来。

（三）循序渐进原则

在教学过程中，教师要始终遵循体育运动项目的逻辑和学生认知发展的规律，使学生系统地掌握运动理论知识和基本技术。人们认识任何事物或掌握动作技能都是一个由简到繁、由易到难、阶段化、渐进性的过程，受到人体生理机制、逻辑思维、条件反射等制约。所以，任何事物和运动技能都要按照系统性进行学习，掌握其中的逻辑和重点、难点。教师在运用合作教学模式时，应逐步深化教学内容、丰富教学方法和增加运动负荷等，使学生系统地、灵活地掌握理论知识与技术，获得科学的锻炼方法。

（四）因材施教原则

在教学过程中，任何教学模式下教师都要从学生的实际情况、个体差异与个性特点出发，针对不同类型的学生进行有区别的教学，使每个学生都能够获得成长乃至得到全面的发展。在教学时，每一名学生的能力与技术水平在不同学习场合下的表现是不一样的，此时就需要教师依靠自己的智慧和经验巧妙地设计因材施教的方法。在运用合作教学模式时，教师应重点观察与分析学生学习的特点，有意识、有目的地培养学习成绩差的学生，并为不同水平的学生设计出不同的发展蓝图。

二、体育合作教学模式的基本要求

①合作教学分组。高校体育合作教学中要进行合作教学分组。教师通常先根据学生的身体素质、体育运动技能技巧水平等进行分组，然后再根据学生的性别、成绩、特长、体育兴趣及意愿等差异进行组内再分组。

②体育合作教学中的师生关系。教师要充分了解学生的情况，做到因材施教；学生应根据教师提出的教学任务和要求，在合作小组内发挥主观能动性，通过小组合作的方式来完成体育教学任务。

③体育课程的安排。在体育合作教学中，以体育合作小组为单位进行准备活动，教师授课时先根据教学目标合理安排集体授课，再进行小组合作学习。

④体育课堂教学。教师在体育合作教学的课堂中要强化学生的合作意识，要让学生意识到只有把合作小组的任务完成才算是小组任务完成，这样小组内的学生之间会互相监督和互相帮助。

⑤体育合作教学的评价。教师在合作小组完成教学任务后，要进行及时、合理的评价，以提高学生的体育运动技能，帮助学生改正和完善自己的知识体系。

三、高校体育合作教学模式的构建路径

（一）用“转变传统体育教学思想”来培养学生的合作学习意识

现今高校体育的发展现实要求各高校必须转变传统的体育教学思想，更加重视对学生全面素质的培养，充分认识到提升学生合作学习意识的重要性。教学思想是指导教学实施的前提和基础。合作教学的思想，是根据小组学习中的团体压力和相互间的沟通交流，来提升学生学习的主动性以及体现学生学习的主体性的。合作教学通过小组合作学习改变了传统以教师为主的教学模式，能够真正让学生成为教学的中心，形成师生间、学生间的动态互动模式，从而相互借鉴、共同学习。

（二）用“创新设计学生合作学习的过程”来进行合理分组

高校体育合作教学模式在真正实施过程中，要创新性地设计学生合作学习的过程，即创新设计学生按照怎样的方式进行具体的合作学习。第一步，教师要根据教材的内容来制定方案，目的是达到教材中某一时期的教学目标。第二步，教师要根据每位学生的不同兴趣爱好、身体状况、体育特长等进行分组，并制定小组的目标。这个目标的制定要符合小组的实际并能使每位学生都发挥一定的作用。

（三）用“完善体育教学的评价标准”来激励学生合作学习的主动性

高校体育合作教学模式的实施是否收到成效，是否符合教学目的，需要有具体的评价标准。合理的教学评价标准有助于激发学生的学习主动性，也能够为教师提供明确的教学方向。合作教学的评价主要包括教师的评价、小组自身的自我评价以及其他小组的评价等。需要注意的是，要将小组视为一个整体进行评价，这样才能构成一个完整的评价体系。此外，教学评价要科学、全面，不宜全部否定或完全认同。尤其对教师来说，教师要本着对每位学生有激励作

用的原则进行客观平等的评价，在强调个人对小组重要作用的基础上，肯定每一位成员的进步，并根据学生的不同基础水平进行不同的评价。

第三节　高校体育合作教学模式的评价

一、体育教学评价主体的多元化

按评价主体来划分，高校体育教学的评价方式有专家评价、教师同行评价、教师自评和学生评价等。一般而言，体育教学评价活动可以采用一种评价方式，也可以采用几种方式的组合。传统的体育教学评价以教师自评为主，但在合作教学活动中，评价主体不再只是教师，而是从教师主体向学生主体转移。实行学生主体参与合作教学活动的评价包括两个方面：一是学生参与评价标准的制定与确立，即体现创新性和合作性的活动目标；二是学生之间开展自我评价与同伴评价，主要评价同伴在活动过程中是否学会学习、学会合作。其中，学生的自我评价，可以使学生脱离对外部反馈的依赖，变得更为独立、更有责任感。

二、体育教学评价标准的整合性

从评价标准上讲，高校体育教学中的合作教学活动应坚持评价标准的整合性，即以学生的群体表现为基础，做到群体表现与个人表现相结合、运动能力与合作技巧相结合。

由于学生的运动技能水平和优势运动项目的差异，对学生个人表现进行评价时，评价标准应相应实现差异化和个别化。同样的，不同群体是由不同的独特个体组成的，也有其差异性和独特性。因此，对合作群体的表现进行评价时，应选取一个合适的标准。笔者建议以最近发展区的理念作为指导理念。

学生的发展涉及两种水平：一是现有水平，二是通过学习可能达到的发展水平，即潜力。如果通过参与一定的教学活动后，学生可以很顺畅地达到某一发展水平值，那么，把这一可能的发展水平值与现有水平值之间的这个区域叫作最近发展区。本书认为，在体育教学中，应该放在第一位的是学生运动水平的最近发展区。体育教学应为学生提供有一定挑战和难度的任务和内容，充分调动学生的积极性，挖掘其潜能，引导其在实现一个最近发展区之后再向下一个最近发展区发起挑战。

三、体育教学评价过程的多元化

合作教学活动应秉持多元化的评价方式，即依据评价目的、评价标准和学习情境开展形成性与总结性评价相结合、过程性与终结性评价相结合的方式。而其根本价值偏向应是形成性和过程性评价占据主导地位。高校体育教学应明确，体育教学的目标绝不仅仅是学生基础知识和运动技能的获得，也绝不仅仅是在每次课结束时或者学期结束时，对学生的最终表现进行打分，而是要考查学生在整个运动过程中是否能积极参与，是否能主动地、自觉自愿地发起并参与体育活动，是否能在活动过程中与其他主体进行良好的沟通与合作，是否能对自己和他人的活动水平和活动方式进行良好的监控和指导，是否体验到运动带来的快乐。因此，在高校体育教学评价活动中，应偏向于采用形成性评价和过程性评价，以此来考查每一位学生的个性化的发展和变化。

四、体育教学评价内容的多元化

高校体育教学评价应主要从以下几个方面对学生的体育活动表现进行全面评价：运动参与度、运动技能的提升、身体健康的改善、心理健康的发展和社会适应程度。高校应重视对学生进行体能与运动技能、认知、学习态度与行为、交往与合作精神、情意表现等方面的评价。评价中应淡化甄别、选拔功能，强化激励、发展功能，把学生的进步幅度纳入评价内容。

五、体育教学评价方式的现代化

随着技术的发展进步，今天，在合作教学模式下，人们可以利用网络信息技术，依托网络进行体育教学评价，使用起来效率高，方便快捷。在当前积极推进教育信息化的大环境下，与网络结合的体育教学评价是更为高效便捷的形式。

第七章　高校体育教学评价体系

高校体育教学是高校教育结构中不可或缺的部分，主要目的是提高学生的身心素质，推动全民健身。体育教学评价对体育教学工作有重要的引导作用，应予以重视。本章为高校体育教学评价体系，分为体育教学评价的发展历程、高校体育教学评价的内容、高校体育教学评价体系的构建三节。

第一节　体育教学评价的发展历程

一、教学评价与体育教学评价的含义

（一）教学评价的含义

《中国中学教学百科全书·教育卷》中指出，教学评价是对教学活动中教与学双方活动的效能进行综合评判。评价以教学目标和教学原则为依据，利用各种测试手段和评价技术对教与学的达标程度给予评定，以便提供信息，改进教学或对被评对象（教师或学生）做出某种资格的证明。教学评价，既要重视教学工作的总结性评价，以便鉴别、甄选，又要重视教学的形成性评价，以利改进教学；既包括外部机构组织对教学系统的检查评判，又包括学校、教师和学生的自我评价。

《科普中国·科学百科》中指出，教学评价是依照教学目标对教学过程及结果进行价值判断并为教学决策服务的活动，是对教学活动实现的或潜在的价值做出判断的过程。教学评价是研究教师的“教”和学生的“学”的价值的过程。教学评价一般包括对教学过程中教师、学生、教学内容、教学方法、教学环境、教学管理诸因素的评价，但主要是对学生学习效果的评价和对教师教学工作过程的评价。

吴志超在其著作《现代教学论与体育教学》中提出：“教学评价就是对教

学工作进行测量、分析和判定的过程。”他以比较微观的视角阐述了教学评价的概念。

王汉澜在《教育评价学》一文中写道：“教学评价是对教学过程、教学成果的价值判断。”这种概述是比较符合现代化教学观念的。

田慧生在其著作《课程新论》中指出：“教学评价是在教学活动中，根据某种标准，对评价对象进行测量、判断的过程。”作者以独特的视角将教学评价理解为：在评价过程中运用同一标准对同一对象进行多层次的评估。

王小红在其著作《教学质量评价 APP 系统的分析与实现》中提出：“教学评价是通过对教师的教学评价，从学生、同行、领导等人群中获取反馈信息，发现工作中的不足，以改进以后的教学工作，是督促教师教学工作、评价教师教学工作、保证教学质量的有力措施。”

上述专著或文献中对“教学评价”的定义大体上是一致的。教学评价是教育评价的重要内容，也是教师教学活动设计和实施的重要组成部分。如何认识教学评价，以及如何科学地实施教学评价对于教师及时调控教学活动、提高教学质量具有重要的意义。众所周知，教师的教学活动过程面临着不断的判断与决策，所有的判断与决策都需要在获取学生学习信息和教师教学信息的基础上进行，而获取信息以提供决策的行为其实就是教学评价。

因此，教学评价就是在一定的教学价值观的指导下，依据确定的课程与教学目标，使用一定的技术与方法，对教学活动的过程、要素、结果进行信息搜集和科学判定，以促进教学质量提升的过程。

教学评价的作用包括诊断、激励、调节和教学。教学评价的要求包括：明确多次评价的目的和评价的对象，明确每次评价的内容，明确评价的具体目标，明确为评价而准备的条件，对评价资料进行客观而科学的判断。

（二）体育教学评价的含义

体育教学评价是对体育学科教学活动的完整过程的评价。体育教学评价是教学评价理论在体育教学中的具体应用，是一般评价活动在体育领域的具体表现。体育教学评价对于体育教育改革和发展，以及体育教学管理和决策，都有重要的影响。体育教学评价一般包括对体育教学过程中教师、学生、教学内容、教学方法、教学环境、教学管理等因素的评价，但主要是对学生学习效果的评价和对教师教学工作过程的评价。

一般来说，体育教学评价有两个核心环节：对教师教学工作的评价，即教师教学评价；对学生学习效果的评价，即学生考试与测验。体育教学评价是对教学本身或者教学过程的一种评价，涉及教学目标、教学内容、教学方法、教学成效等。

体育教学评价依据教学目标展开，对教学过程与教学结果进行价值判断。一方面要对整个教学过程进行评价，另一方面要注重对教学活动实现教学目标的有效程度进行评价，即对学生在体育学习过程中的表现，以及学习前后发生的变化进行评价。

陶西平在其著作《教育评价辞典》中提出："体育教学评价是对体育教学计划、体育教学活动和体育教学考核的科学性、合理性和适宜性进行的价值判断。"他的观点分布层次相对较多。

杨铁黎在其论文《中小学体育教学评价的理论与实践》中提出："体育教学评价是依据一定的体育教学目标及其有关标准，系统地调查整个体育教学过程，并评定其价值和优缺点以求改进的过程。"他以宏观的角度概述了体育教学评价，但其观点在现代体育教学中缺乏一定的时效性。

毛振明在其著作《体育教学论》中提出了如下看法："体育教学评价是依据体育教学目标和体育教学原则，对体育的教与学的过程及其结果进行的价值判断和量评工作。"作者的观点比较宏观，没有深入地描述概念。

李建军在其《新课程的学校体育评价》一文中写道："从一个实际工作者的角度看，评价是从特定的目的出发，根据一定的标准，通过特定的程序对已经完成的或正在从事的工作（或学习）进行检测，找出反映工作进程的质量或成果水平的资料或者数据，从而对工作的质量或成果水平做出合理的判断。评价所收集到的资料和数据还可以用来分析工作或学习中存在的问题。"作者的观点独到，描述概念也非常吻合现代化教育的发展观念。

综合以上专著和文献研究可知，体育教学评价的目的有两个：一是检查体育教师的体育教学情况，帮助体育教师改进体育教学内容，提高体育教学质量；二是了解学生的体育课堂情况，以使学生看到自己在体育方面的进步和需要改进的地方，从而在此基础上进一步提高体育成绩。

二、从传统体育教学评价到"互联网+"体育教学评价的转变

（一）我国传统体育教学评价形式概述

过往的传统体育教学评价的具体内容包括参与项、技能项、身体、心理、社交等，评价方式常见的有诊断性评价、终结性评价、过程性评价等。评价的主体分别为学生和教师，最常用的形式运用的是考核性评价。

（二）传统体育教学评价形式的特点

传统体育教学评价形式及效果如表 7-1 所示。

表 7–1　传统体育教学评价形式分类表

类　型	形　式	效　果
纸质问卷	学校统一印刷，学期中、期末分发	工作量大，交于专人统计
纸质机读卡	学校统一印刷，学期末分发	工作量相对较小，由专人统计
纸质档案袋	师生共同参与	工作量大，交于教师负责

下文将结合传统体育教学评价的相应特点，重点探究上表中的评价形式。

1. 纸质印刷版（纸质问卷、纸质机读卡）体育教学评价

典型的传统纸质版体育教学评价的流程如下：由学校统一以问卷的形式印刷，一般在学期中、期末分发给班级学生来给教师的教学工作打分，同时分发给教师来给学生的学习情况打分，由专人统计后得到最终的结果。采用的体育教学评价表多为通用评价表，具有广泛的适用性，有时会运用在教师对学生的评价方面，有时会运用在学生之间进行互评、学生本人自评方面，有时还运用在学校领导、学生监护人及社会人士对学生上课过程的评价方面。而通用评价表相对缺乏个性化指标。实践中，建议在对学生进行评价时，注意以下几点事项：①设定个性化指标。②注意评价的真实性。③根据学生与所在班级实际情况，拟定较为具体的评价细则。④抓好学生的自评与互评。

在用这种传统纸质版体育教学评价形式对体育教学过程进行评价时，每个环节都需要极高的自觉心和责任感，难以仅凭人工来监督。

另一种纸质评价形式是机读卡，它相比评价表而言更加简洁明了，但同样使用时应注意几点事项：①运用机读卡完成体育教学评价通常会要求使用仪器、答题卡和专用涂笔，工具上有标准的使用规定，需要提前准备好相关工具。②填卡时，需要做到精准、高效并注意保持卡的整洁度，否则将影响光标阅读机的准确性。

综合上述情况可以发现，运用传统的纸质版体育教学评价形式的手续相对较为烦琐，且有延误性。

2. 纸质档案袋体育教学评价

档案袋体育教学评价是一种体育发展性评价形式，又称为成长记录档案袋评价、卷宗评价等。体育档案袋教学评价方法是从实践中得出的，档案袋里的内容通常由师生一起完成。在档案袋创建的过程中，整个环节需要师生一次性完成。档案袋抉择的内容、目的会影响档案袋的结果。

档案袋主要的作用在于促进学生通过档案袋进行判断和自我评价。学生可以根据自己所长，自行选择档案袋里的内容，隐秘性较强。在以往的体育教学评价过程中，从设计评价标准、选择评价内容直至评价结果呈现，学生完全属于被动的一方。相对来说，档案袋体育评价形式的出现较以往有了长足的进步。

档案袋可以把要评价的一切都“记录在案”，实际上就是学生的成长记录。它具备的优势是，精细地呈现了学生在体育教学过程中所付出的努力和所获得的成果。档案袋体育教学评价形式能够促进学生思考自身的发展、付出和收获。体育教师与学生监护人通过档案袋可以很方便地了解学生在进行体育学习的过程中，以及身心发展过程中出现的问题，从而及时、高效地实施干预并解决问题，助力学生全面健康发展。

当然，档案袋评价也存在缺陷。如档案袋体育教学评价形式对体育教师的考验比较大，会占用其大量时间和精力。此外，在应用过程中，由于体育教师对操作内容的不熟练，甚至有可能将档案袋用成成绩单。

纸质档案袋教学评价的优缺点如图 7-1 所示。从图中我们可以清晰地看出，建立纸质档案袋体育教学评价实施过程中最大的工作量就是对每位学生档案信息的整理工作，如果不善于把资料罗列整齐，整理得出想要的结果，将很有可能流于形式。

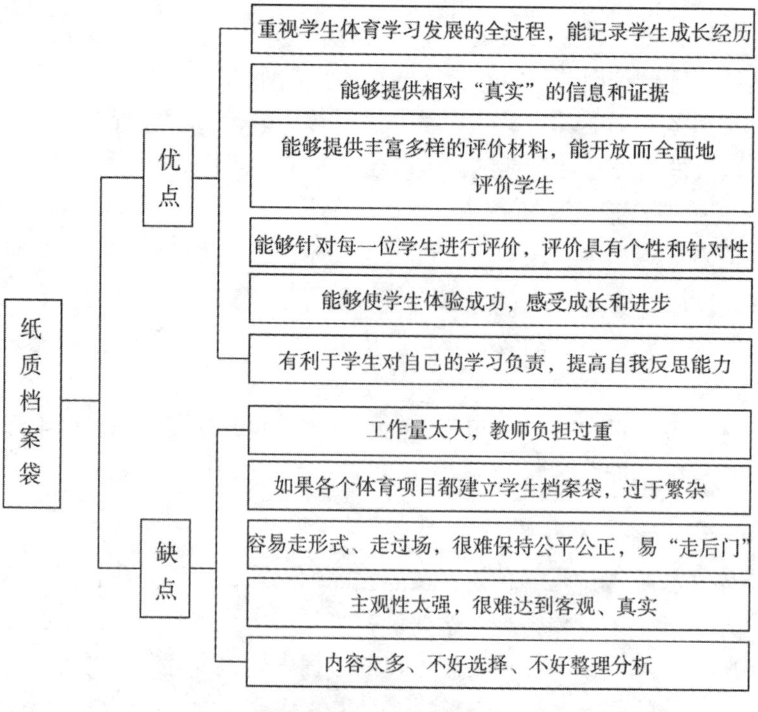

图 7-1　纸质档案袋教学评价的优缺点对比分析

（三）传统体育教学评价形式的不足

通常为了促进体育教学目标的明确定位与发展，会运用体育教学评价来强化过程发展。但传统体育教学评价方法在现在大环境中，存在一些不足之处，如无法全面了解学生的兴趣特长，使得部分学生缺乏对体育学习的热情和自主性，对体育课提不起兴趣甚至是厌恶体育课。尽管体育课程改革在不断深化，但是体育教学的各项方面从理论到实践的过渡仍旧需要漫长的时期。在传统体育教学评价过程中，学生通常只能在指定的时限内和规定的场地中接受体育教学考核评定，教师更多的是以考核对象在统一标准下对任务的完成度作为评判依据，进行考核成绩的现场纸质登记，然后录入计算机系统中。对于体育基础略差的学生而言，由于其无法达到统一标准或者刚刚达到标准，心理容易产生落差感，无法发挥所长，内心要求得不到满足。传统体育的考评规则是由专门的体育教师来负责制定的，包括考评要求的规定时限、指定项目、统一标准等，所有考评对象只需在考评人限定的时间内完成指定的考评项目，便可视作完成考评。在这种情况下，大多数学生只是把完成考评内容视为一项任务，自主性和学习热情未被调动和激发，主体意识感薄弱，为了完成任务而进行考试，教学考评也就不能充分发挥作用。

1. 评价的主体不够明确

在传统的体育教学评价中，一般都将一些列有具体评价标准的明细图、详情统计图等图表作为体育教学过程中唯一的价值评判依据。对于评价对象在体育教学过程中的付出和心理方面的发展变化，以及学生的特长能力和兴趣爱好等却极少制定评价准则。这样的评价标准不利于学生自主学习体育技能，不利于学生运动特长能力的培养。

2. 传统体育教学目标设定较生硬

体育教学目标是体育教学评价的一个量度指标。现代化的体育教学目标设定讲究无误差、客观、科学，对学生不同年龄段的目标设定要加以区分，重点围绕学生的身、心、社交等不同方面制定多元的目标。传统体育教学目标设定内容更多是从操作便捷性出发，体育教学的组织形式并未体现学生的主体意识，缺乏强调个体差异性。

3. 传统体育教学评价忽视过程

传统体育教学评价过程中容易忽视学生学习的过程性特征。具体来说，传统体育教学评价过程存在以下一些方面的不足：第一，对考核评价结果描述太过定性化，缺乏创新性；第二，对体育教学过程更侧重于定量评价，缺乏考虑学生的个性化发展；第三，在不同的体育教学环节中，都是执行标准的统一法则，缺乏引导性，同时也没有充分发挥学生的自主性。上述几个方面的内容都是传统体育教学评价过程存在的缺陷，达不到现代化体育教学评价所提出的对结果要保持客观、对过程要尊重科学规律、对学生的发展要全面考虑等方面的要求，因而传统体育教学评价过程所产生的评价结果，其效度难以令人信服。

在体育教学中，教师是知识与技能的传授者，教师的有效评价对学生起着引导和导向的作用。但有时教师对学生过于简单、盲目的评价，往往忽视了这些作用。评价的内容有时缺乏针对性，不能对学生起到很好的引导作用。典型的案例有以下两种情况：第一种，教师为了完成既定的目标，无视课堂实际，按照自认为完美的课堂设计进行到底，一旦学生所展示的动作不符合教学方案的框架，便会千方百计地帮其纠正，或替换另一名学生继续进行展示，按照预先设置好的流程按部就班地上完这堂课。这样的做法忽视了给予学生适当的评价，很容易使学生产生挫败感，打击学生继续学习的信心。第二种情况与第一种情况正好相反，教师在体育教学中对学生的错不予纠正，这是由教师评价对学生某一项动作技术的学习产生负迁移而导致的，从而造成练习目的与教学目标相背离，容易对学生以后的体育学习造成负面影响。

针对以上问题，在体育教学评价过程中，教师要深入了解体育课堂常规的实际情境，利用好有限的课堂条件进行评价，重点依照学生的个体指标和团体人数等情况科学高效地进行评价。体育教学评价要做到充分发挥对评价对象的积极引导作用，助力体育教学评价形式应用的变革发展得以顺利进行。

今天，传统的体育教学评价形式在当前的某些欠发达地区仍然发挥着相对稳定的作用。国内以往针对体育教学评价的各种应用形式的研究相对更多体现在理论上，较少体现在实践中的具体实施上。实践中，体育教学评价形式的选择应结合当下形势发展进行。

（四）传统体育教学评价结合“互联网＋”的特征属性

互联网和信息技术的快速发展对传统体育教学评价形式产生了较大的影响，促使体育教学评价形式发生转变。在高度信息化的当下，体育教学评价形式结合网络前沿科技正逐步打破时空限制和师生面对面教学限制，为评价形式创造了更多的可能性，如表 7-2 所示。

表 7-2　传统体育教学评价结合“互联网 +”特征属性表

类　型	特　点
评价内容	学生能够利用线上的资源参与体育教学评价，师生体育教学评价的内容增加
评价手段	由以往的教师面对面点评向多媒体手段转变，评价方式更加灵活、多样，评价效果大幅增强
评价方式	校园网络现代化信息科技的不断发展，推动了体育教学评价由过往评价过程的生硬、缺乏新意转变为多元化发展，促进了师生体育教学评价效果的最大化

体育教学评价与其他学科的评价有着明显的区别，表现为体育本身带有较强的实践性，这是体育课程所赋予的特点。因而在“互联网 +”体育环境下，体育教学评价除了要参照其他学科门类外，还要界定区分差异，注重体育发展的个性，抓住身体参与的特点，强化自身学科属性，考虑“互联网 +”体育的背景特点。

在网络环境下的体育教学过程中，学生在自由空间里完成自己擅长的内容或教师布置的作业，按照教师提出的标准要求，以视频汇报的形式上传作业。学生可在多段录制的视频当中选择自己最为满意的视频内容提交。教师可以多次反复观看学生提交的作业，从而更加客观有效地评价学生所学，并可以通过在线软件与学生及时进行交流，形成师生间良好的互动，促使学生在身心各方面健康成长。

（五）“互联网 +”体育教学评价形式的探索

互联网技术的推动是人类文明迈上新台阶的动力。在教育评价领域，互联网从评价的工具、评价的方式等方面推进了教育变革。互联网与体育在教学评价方面的深度融合是“互联网 +”背景下教学评价探索发展的一个全新的方向，将极大地提高教学效率，促进体育评价的客观公正。

与此同时，“互联网 +”体育教学评价很大程度上填补了教学改革过程中传统评价方法的缺陷。现代化信息技术结合体育教学评价过程，能够实现多角度、快速而高效的评价。

“互联网 +”体育教学评价突破了传统的体育教学评价思维，以新颖的形式给体育教学带来了更多的便利性。体育教师等相关人员应掌握新的体育教学评价工具，充分利用好现代化科技来服务体育教学。“互联网 +”体育教学评价以较强的新颖性和科学性，促进了体育教学评价的便捷化发展，使体育教学评价在对评价对象进行评价时能发挥更为积极的效用。

随着经济的发展和技术的进步，互联网信息技术对各种行业的固有形式产生了极大的冲击。信息化体育教学评价，更关注在体育教学中，师生的互动以及线上教学的便利性等体育教学过程性体验，有力地推动了体育教学评价加速向便捷化发展。

第二节　高校体育教学评价的内容

一、体育教学评价的标准

（一）制定体育教学评价标准的依据

1. 教学评价标准的设计要考虑社会对体育教学的要求

体育教学是一种社会现象，受社会的制约。体育教学通过教师的“教”与学生的“学”来培养身心健全的人，进而推动社会的发展与进步。社会对体育教学的要求具体体现在课程标准与体育教学大纲中——它们对人才的标准和体育教学都做了相应的规定，是制定体育教学评价标准的依据。因此，深入研究课程标准和体育教学大纲，是制定体育教学评价标准的前提。

2. 教学评价标准的制定要以相关教育学科知识为基础

教育学科是揭示教育教学规律的科学，体育教学活动只有以教育教学规律为指导才能收到良好的教学效果。体育教学评价是理论与实践相结合的活动，没有相关的理论知识，评价活动就不能很好地进行，更不能很好地指导体育教学实践，因此，要制定合理的体育教学评价标准，需要具备教育学科的知识。如不掌握教学的本质、原则、规律、方法等理论，就不能制定出科学的体育教学评价标准。

（二）体育教学评价标准的结构

1. 效能标准

效能标准包括效果标准和效率标准两部分。效果标准是从工作效果的角度确定的教学评价标准。体育教学效果标准一般从以下三个方面来考虑：一是体育基本知识、基本技术、基本技能掌握标准，它主要考查学生在体育教学中掌握体育基本知识、基本技术的数量与质量；二是能力发展标准，即在体育教学中，要把发展学生智力、个性，培养学生参加体育锻炼的能力与习惯放在重要的位置；三是思想品德教育标准，即寓思想品德教育于体育教学之中。效率标准是从工作进度的角度确定的教学评价标准。

2. 职责标准

职责标准主要是对被评价对象所承担的责任和完成任务的情况去评价的标准。在评价体育教师的教学工作时，首先，要看教师备课的质量，包括对体育教学大纲钻研的程度，对学生了解得是否清楚，对教材重点、难点是否明确，教案的编写、场地器材布置是否合理等。其次，看教师上课的质量，主要看授课内容是否科学，教学目的是否明确，重点是否突出，方法、手段是否有效，语言是否清晰，示范动作是否正确、优美等。最后，看教学过程是否贯彻了体育教学原则的各项要求。如果贯彻了正确的体育教学原则，教学过程必然是生动而活泼的，效果就会很好；反之，则效果会较差。

从职责标准的角度进行评价可以使被评价者增强事业心和责任感，关心教与学的全过程。但在评价过程中这方面不宜过于偏重，应与教学工作成果结合起来，以防止出现形式主义问题。

二、体育教学评价的内容

（一）教师评价与学生评价相结合

传统的体育教学评价只是单一地采用教师对学生的外在评价，即教师对照锻炼标准和体育课的评分标准对学生进行测试和评分，而更科学、合理、公正的体育教学评价形式应是，在对学生学习成绩进行评定时，既要有教师从外在对学生进行的评定，又要有学生对自己的学习情况进行的评价以及学生间的相互评价。

因此，高校应把评价的主动权交给学生，将教师评价、学生相互评价和自我评价相结合，并根据不同的教材内容，灵活地选择不同的评价方法。一方面，学生是教学目标的实践者，对他们亲身体验的内容，自己最有发言权。特别是那些无法定量表现的内容，如情感、意志、态度、兴趣等，都是外在不易显露的心理倾向，只有通过自我评价才能获得。另一方面，学生只有真正地掌握自己，驾驭自己，才能提高自己。所以，学生相互评价和自我评价的过程是学生对自己学习行为负责、自我调控、自我反省的过程，能让学生在评价中学到一些知识或方法。

（二）能力评价与情感评价相结合

体育课堂教学评价的功能表明，合理的评价方式可以把体育知识、能力、情感和动作技能的形成评价有机地融为一体，并借助它有效地改善教学活动，丰富课堂教学内容，提高课堂教学效率。传统的体育教学评价模式忽视了学生丰富的思想和情感，只重视评价学生的体育能力，如动作掌握情况、成绩标准及等级状况等，忽视了对学生思想和情感的评价。因为学生的体育能力和成绩是可见的、可测的，容易评价，但对学生思想和情感的评价要复杂得多。然而，大量教学实践表明，积极的情感评价和沟通能促进学生体育知识的掌握和运动技能的形成与提高，促进学生身心健康发展。

第三节　大数据背景下高校体育教学评价体系的构建

一、大数据背景下高校体育教学评价体系构建的特点

随着大数据时代的来临，通过运用大数据技术来驱动高校体育教学评价体系的重构已成为可能。结合一些关于大数据特点的研究和分析，本书总结出以下四点在大数据背景下高校体育教学评价体系的特点。

（一）评价从基于主观经验到基于客观数据支撑

在传统的体育教学评价中，对学生的评价主要凭学生的体育成绩，对体育教师的评价主要凭个人的主观印象或班级的平均成绩，评价经常是不全面、不客观的。通过将大数据技术应用在体育教学中，可以准确记录体育课堂情况，并以此为依据进行评价，让体育教师和学生更加全面、客观地了解自己，同时大数据技术可以为体育教师和学生提供科学的评价方法。

（二）评价内容从单一性到多样性

评价内容的多样性强调内容的多元化，比如，在对学生进行体育教学评价时，不仅要评价其运动技能、体育理论知识、体能等方面的情况，还要评价其学习态度、学习能力、运动技能的进步情况等。

（三）评价手段从人工评价到智能评价

人工评价不仅费时费力，而且容易出现错误，而智能化的评价不仅方便快捷，而且精准。因此，高校体育教学评价的手段要相应地从传统人工采集、统计、

分析数据，转变到用智能技术来收集、处理、分析大量的评价数据信息。

（四）评价反馈从封闭到开放

将收集起来的评价数据用大数据技术进行处理、分析之后所呈现的结果，向教师和学生开放，可以让教师和学生更清楚地了解自己在体育课堂上的状态，同时也可以对高校体育教学评价的实施起到监督的作用。

二、大数据背景下高校体育教学评价体系构建的原则

设计大数据背景下高校体育教学评价体系，需满足以下五条主要原则。

（一）科学性和客观性原则

在构建大数据背景下高校体育教学评价体系时，应结合大数据时代的背景与特征，在客观规律与实践基础上，科学、客观地进行构建。例如，对所收集和调查到的数据进行合理筛选，以确保评价指标的科学性和客观性。

（二）完整性和全面性原则

在构建大数据背景下高校体育教学评价体系时，评价指标的选取要全面，不重复出现，层次分明，具有广泛代表性，能基本反映体育教学的全过程。

（三）可行性和可测性原则

可行性是指对体育教学进行评价的方式具有实际可操作性。可测性是指评价指标可测试量化，例如，指标的选取必须易懂易测，没有含糊不清的指标。

（四）共性和个性相结合的原则

不同学科有着不同的学习目的和特点，不同教师有着不同的教学方法和风格，不同学生也有着不同的学习习惯和方式。故不同学科、不同教师及不同学生应该使用不同的标准去评价。因此，体育教学评价应坚持共性和个性相结合的原则。

（五）开放性和及时性原则

开放性是指在高校体育教学评价体系构建时要对大众进行开放，尤其在大数据背景下。这样不仅可以让学生和教师更加了解体育教学评价，同时能更好地监督评价的进行。及时性指评价、分析和反馈要及时，特别是高校体育教学评价体系在反馈这一块要有足够的开放性和及时性。

三、构建大数据背景下高校体育教学评价体系

（一）构建高校体育教学评价主体框架

评价按主体可分为两类：一是自我评价，二是他人评价。影响教学评价的因素有很多，但主要因素是“教”和“学”。“教”指教师的教学情况；“学”指学生的学习情况。因此，在构建高校体育教学评价系统时，构建者应认识到不同的评价主体具有不同的作用，可通过评价指标和指标权重来明确主体间的共性与个性。一般来说，体育教学评价主体涉及四类人员，即体育教师、学生、同行和体育教学主管部门人员。体育教学评价主体框架如图 7-2 所示。

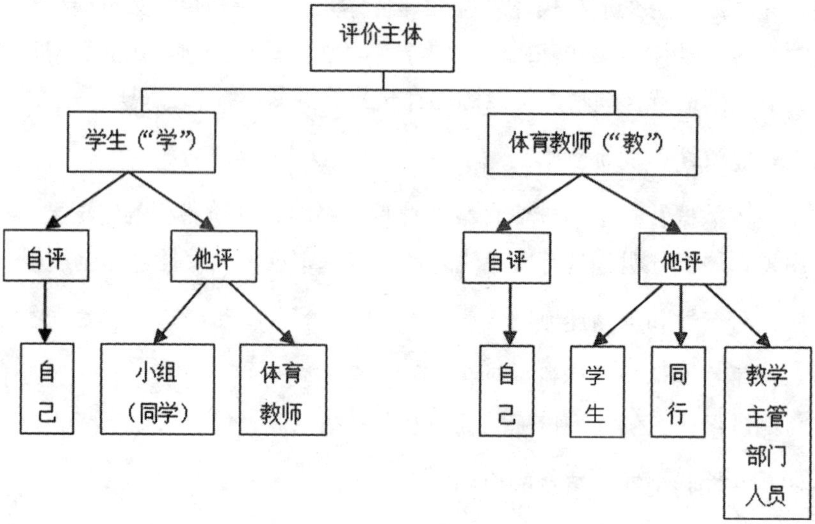

图 7-2　体育教学评价主体框架

1. 对学生的教学评价活动

（1）学生的自评活动

学生自我评价是学生对自我学习质量的一种认识，以及学生对自我学习过程的一种认识。自评有助于学生了解自我学习过程中的问题，从而改进自我的学习方法，提高学习质量。在自评时，通常学生会根据评价指标进行自我检查、总结与评价，从而认清自己的优缺点，在以后的学习过程中充分发挥主观能动性，弥补自己的不足。在应用“互联网 +”体育教学评价时，学生可以通过登录自己的评教账号，对自己的上课情况进行自评。

（2）小组（同学）的评教活动

小组评教就是将班级学生分组，小组成员采取一对一的评价方式按照指标进行评价。小组评教是学生之间评教的一种方式。这样不但能更好地激发学生之间参与体育学习的积极性，而且能互相借鉴他人的体育学习方法，改进自己的学习方法。所以采取小组评教的形式能更多地收集学生在体育学习过程中发展、变化和进步的资料。在应用“互联网 +”体育教学评价时，体育教师提前录入分组信息，学生登录评教账户对同组其他组员进行评价。

（3）体育教师的评教活动

体育教师对学生进行体育教学评价时，体育教师是评价的主体，学生是评价的客体。体育教师对学生的评价一般是真实的、直接的和有说服力的。学生的体育学习情况如何，最有发言权的是体育教师，所以在对学生进行体育教学评价时，来自体育教师的评价是主要组成部分。在应用“互联网 +”体育教学评价时，体育教师可以登录教师系统对所代课班级的学生进行体育教学评价。

2. 对体育教师的教学评价活动

（1）体育教师的自评活动

体育教师自我评价是体育教师对自我教学质量的一种认识，是体育教学质量评价的基本方式。体育教师进行自我评价，可以清楚地认识到自我在体育教学过程中的不足，从而做出自我改进。在应用“互联网 +”体育教学评价时，体育教师可以登录教师系统对自己的上课情况进行自我评价。

（2）学生的评教活动

学生和体育教师是体育教学成败的直接联系人，学生对体育教师的评价是有说服力的，因此不能忽视学生的评教活动。在学生对体育教师进行体育教学评价时，学生是主体，体育教师是客体。在应用“互联网 +”体育教学评价时，学生可通过登录自己的评教账号，对体育教师上课情况进行评价。

（3）同行评教活动

同行评价是同行体育教师对被评价的体育教师的教学质量的一种认识。在评价过程中，同行体育教师是主体，被评价的体育教师是客体。在同行评价时，同行体育教师不应仅凭主观经验去评价，更不能以个人感情等非教学因素去评价，而应基于具体的体育教学课堂调查做出评价。同行体育教师可以以旁听的方式对体育教师进行体育教学评价。

（4）体育教学主管部门人员评教活动

首先，体育教学主管部门人员熟知体育教学内容和目标。其次，体育教学主管部门人员能直接掌握体育教师的第一手资料。因而，体育教学主管部门人员对体育教学做出的评价多具有权威性。体育教学主管部门人员对体育教师的上课情况可以采取抽查、旁听的方式进行评价。

（二）构建高校体育教学评价指标体系框架

高校体育教学评价的指标是指体育教学评价的内容。在大数据背景下，高校体育教学评价指标体系应形成相对稳定的层次结构。高校体育教学评价指标体系由体育教师教学评价指标体系和学生体育教学评价指标体系组成，每个指标体系都有各自的评价目标层、准则层和子准则层， 如图 7-3 和图 7-4 所示。

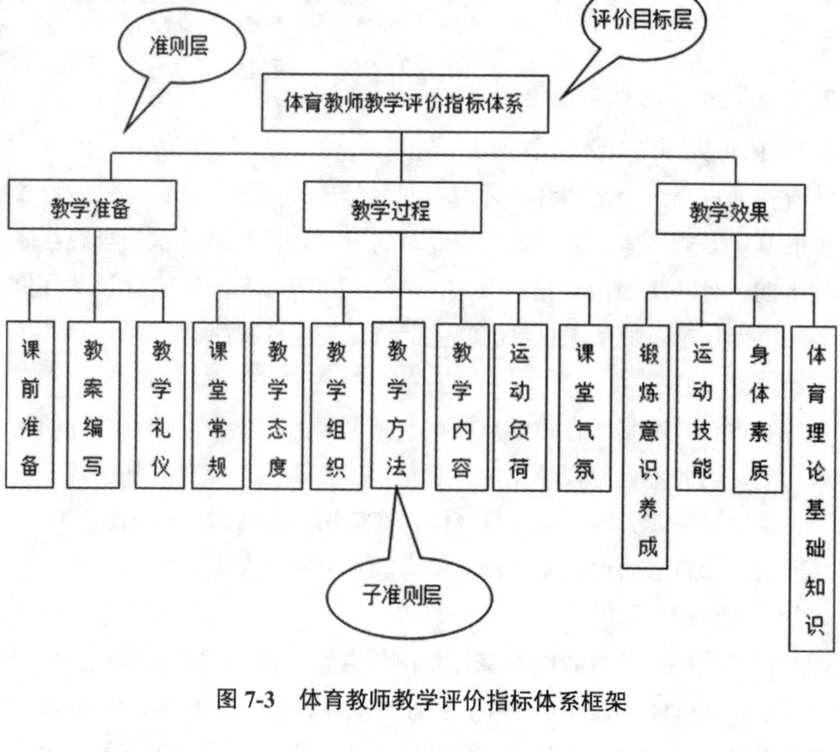

图 7-3　体育教师教学评价指标体系框架